QUATRO EDIFÍCIOS, CINCO LOCAIS DE IMPLANTAÇÃO, VINTE SOLUÇÕES DE FUNDAÇÕES

Blucher

MANOEL HENRIQUE CAMPOS BOTELHO

LUIS FERNANDO MEIRELLES CARVALHO

Revisão da 1ª edição:

Eng. Jason Pereira Marques

Enga. Miriana Pereira Marques

QUATRO EDIFÍCIOS, CINCO LOCAIS DE IMPLANTAÇÃO, VINTE SOLUÇÕES DE FUNDAÇÕES

3ª edição

Livro didático para jovens profissionais, seguindo as normas brasileiras, principalmente a NBR-6122/2010

Quatro edifícios, cinco locais de implantação, vinte soluções de fundações, 3ª edição
© 2018 Manoel Henrique Campos Botelho, Luis Fernando Meirelles Carvalho
Editora Edgard Blücher Ltda.

1ª reimpressão - 2021

Blucher

Rua Pedroso Alvarenga, 1245, 4º andar
04531-934 – São Paulo – SP – Brasil
Tel.: 55 11 3078-5366
contato@blucher.com.br
www.blucher.com.br

Segundo o Novo Acordo Ortográfico, conforme 5. ed. do *Vocabulário Ortográfico da Língua Portuguesa*, Academia Brasileira de Letras, março de 2009.

É proibida a reprodução total ou parcial por quaisquer meios sem autorização escrita da editora.

Todos os direitos reservados pela Editora Edgard Blücher Ltda.

Dados Internacionais de Catalogação na Publicação (CIP)
Angélica Ilacqua CRB-8/7057

Botelho, Manoel Henrique Campos
　Quatro edifícios, cinco locais de implantação, vinte soluções de fundações / Manoel Henrique Campos Botelho, Luis Fernando Meirelles Carvalho; – 3. ed. – São Paulo : Blucher, 2018.
　264 p. : il.

Livro didático para jovens profissionais, seguindo as normas brasileiras, principalmente a NBR-6122/2010.

Bibliografia
ISBN 978-85-212-1342-0 (impresso)
ISBN 978-85-212-0818-1 (e-book)

1. Engenharia Civil 2. Fundações (Engenharia) 3. Mecânica do solo I. Título. II. Carvalho, Luis Fernando Meirelles.

18-0972　　　　　　　　　　　　　　　CDD 624.15

Índice para catálogo sistemático:
1. Engenharia de fundações

CONTEÚDO

Apresentação da 3.ª edição 7
Apresentação da 2.ª edição 8
Homenagens 9
Colegas responsáveis pela revisão do texto da 1.ª edição, ano 2007 10
Cuidados com as unidades de medida 11

PARTE I – OS EDIFÍCIOS, OS LOCAIS E AS SOLUÇÕES DE FUNDAÇÕES

1. A metodologia deste trabalho 15
2. Descrição dos quatro edifícios a receberem fundações 21
   2.1 Casa térrea isolada 21
   2.2 Sobrado geminado de um lado 23
   2.3 Prédio de apartamentos de três pavimentos, mais térreo geminado de um lado 27
   2.4 Galpão industrial 32
3. Descrição dos cinco locais de implantação dos edifícios 35
4. Discutindo detalhadamente cada uma das vinte soluções de fundações 47
5. Balanço geral 101

PARTE II – FICHAS TÉCNICAS

Ficha n.º 1 – Nascem os solos. Solos argilosos, solos arenosos, solos siltosos, solos residuais e solos sedimentares 105

Ficha n.º 2 – Solos argilosos (barrentos) – fundações em solos argilosos 111

Ficha n.º 3 – Fundações em solos arenosos 117

Ficha n.º 4 – Solos siltosos 121

Ficha n.º 5 – Transmissão de cargas nos solos – bulbos de pressões 123

Ficha n.º 6 – Sondagem à percussão: o que é e como interpretar seus resultados 129

Ficha n.º 7 – O problema dos recalques 139

Ficha n.º 8 – Capacidade de carga dos solos 141

Ficha n.º 9 – Tipos de fundações que usaremos.. 145

Ficha n.º 10 – Custos das fundações 167

Ficha n.º 11 – Provas de cargas 169

Ficha n.º 12 – Crônicas sobre fundações – revolvendo conceitos 171

Ficha n.º 13 – Fórmulas 179

Ficha n.º 14 – Dimensionamento estrutural das estacas 183

Ficha n.º 15 – Observações e destaques da NBR-6122/2010 185

Ficha n.º 16 – Outros ensaios 189

Ficha n.º 17 – Bibliografia e sites de entidades do setor................................. 191

PARTE III – ADENDOS

Adendo I – Extratos da NR-18 – Condições e meio ambiente de trabalho na indústria da construção 195

Adendo II – Distribuição das estacas nos blocos 199

Adendo III – "Um estaqueamento inesquecível" 201

PARTE IV – ANEXO

Normas 255

Anexo – Recuperação do prumo 257

Dialogando com os autores.. 264

APRESENTAÇÃO DA 3.ª EDIÇÃO

Os autores têm grande satisfação em ver a muito boa aceitação deste livro no meio técnico e no meio universitário.

Nesta 3.ª edição, consta, devidamente autorizado, o texto "Recuperação do prumo", dos engenheiros Sérgio Luiz do Amaral Lozovey e Mario José de Borba. Os autores agradecem por tão interessante artigo.

Agora, uma boa leitura.

Os autores

Agosto, 2018

APRESENTAÇÃO DA 2.ª EDIÇÃO

Esta é a 2.ª edição deste livro. O texto segue agora a mais atual norma técnica de engenharia de fundações, a saber:

NBR 6122/2010 da ABNT – Associação Brasileira de Normas Técnicas

Este é um livro para estudantes e jovens profissionais e para estruturas de até médio porte. O texto incorpora agora na sua Parte II, com um adendo, o texto "Um estaqueamento inesquecível".

Trata-se de um caso real, mas romanceado, da história humana e técnica das fundações por estacas de vários prédios de uma indústria. O texto é botelhano.

Que esta 2.ª edição tenha a mesma boa acolhida da 1.ª edição.

Os autores

Outubro, 2015

Manoel Henrique Campos Botelho
E-mail: **manoelbotelho@terra.com.br**

Luis Fernando Meirelles Carvalho
E-mail: **meirelles@meirellescarvalho.com.br**

A 1.ª edição teve como revisores os colegas Eng. Jason Pereira Marques e Enga. Miriana Pereira Marques.

NOTA IMPORTANTE

Este é um livro de objetivos didáticos, dirigido para jovens profissionais, engenheiros, arquitetos, tecnólogos e estudantes.

O texto procura atender a esse público, explicando as técnicas para o projeto de fundações de prédios até média altura. Tendo, portanto, este livro o caráter introdutório, o leitor deve prosseguir seus estudos, para ampliar sua visão no assunto, recorrendo a sites da internet, outros livros e à consulta das normas.

HOMENAGENS

Em memória do Eng. Airton do Carmo Russo, que primeiro me inspirou o desejo de compreender a engenharia de fundações.

Um agradecimento especial ao amigo e Eng. Celso Colonna Cretella pelo apoio e incentivo a este trabalho.

Luis Fernando Meirelles Carvalho

Ao engenheiro de solos e amigo de tantos sonhos e lutas, Luiz Duarte de Oliveira.

Manoel Henrique Campos Botelho

NOTA SOBRE OS AUTORES

Luis Fernando Meirelles Carvalho é engenheiro civil, formado em 1973 pela Escola Politécnica da Universidade de São Paulo. É especialista em projetos e obras de fundações. Membro e diretor da Associação Brasileira das Empresas de Projeto e Consultoria em Engenharia Geotécnica (ABEG), membro da Associação Brasileira de Mecânica dos Solos e Engenharia Geotécnica (ABMS), sócio-diretor da Meirelles Carvalho Engenharia e Projetos S/C Ltda., empresa de consultoria em engenharia de fundações. Professor em cursos sobre recuperação de fundações na YCON Formação Continuada.

Manoel Henrique Campos Botelho é engenheiro civil formado em 1965 pela Escola Politécnica da Universidade de São Paulo. É especialista em projetos civis, hidráulicos e de indústrias. Especializou-se também na autoria de livros técnicos, entre os quais a Coleção Concreto Armado Eu te Amo, e é palestrante em Semanas de Engenharia em todo o Brasil.

COLEGAS RESPONSÁVEIS PELA REVISÃO DO TEXTO DA 1.ª EDIÇÃO, ANO 2007

Jason Pereira Marques, engenheiro civil formado em 1962 pela Escola de Engenharia da Universidade Mackenzie, com curso de pós-graduação em Mecânica dos Solos. Foi professor das disciplinas de Maciços e Obras de Terra, Estradas I e II e Aeroportos no período de 1974 a 1996. Suas atividades geotécnicas ocorreram nas empresas Geotécnica (1963-1968), Brasconsult (1968-1970), Promon (1970-1983), GH Engenharia (1984-1990), InfraEngenharia (1991-1993) e, a partir de 1994, intensificou seu trabalho nas consultorias técnicas. Em 1999, fundou a Marques & Marques Engenharia Ltda., onde atua como diretor técnico. No período de 2001 a 2003, prestou serviços de consultoria técnica na Área Ambiental para as obras do Rodoanel Mario Covas – trecho oeste. Foi diretor de assuntos acadêmicos do Instituto de Engenharia, São Paulo (SP).

Miriana Pereira Marques, engenheira civil formada em 1989 pela Fundação Armando Álvares Penteado, foi professora das disciplinas de Maciços e Obras de Terra, Estradas I e II e Aeroportos e Mecânica dos Solos no período de 1989 a 1996. Atua na área de Avaliações e Perícias, como perita judicial e assistente técnica. Em 1999, fundou a Marques & Marques Engenharia Ltda., onde atua como diretora técnica. Atualmente é vice-presidente do Instituto de Engenharia e faz a organização do Comitê de Práticas e Ética na Construção Civil – Construética – articulado pelo Instituto de Engenharia, São Paulo (SP).

E-mail: **miriana.marques@terra.com.br**

CUIDADOS COM AS UNIDADES DE MEDIDA

Relembremos:

    k (quilo) = 1.000

    M (mega) = 1.000.000

    1 kgf = peso da massa de 1 kg

    1 kg = massa de um decímetro cúbico (litro) de água

    1 N $\cong$ 0,1 kgf

    1 kN $\cong$ 100 kgf

    1 MPa $\cong$ 10 kgf/cm^2

    1 tf = 1.000 kgf

    1 L = 1 l = 1.000 cm^3 (medida de volume)

    1 t = 1.000 kg

    1 tf = 1.000 kgf

Na engenharia de fundações, têm interesse específico as seguintes transformações e equivalências:

    1 t/m^2 = 1.000 kgf/m^2 = 0,10 kgf/cm^2

    1 kgf/cm2 = 10t/m^2

    1 MPa = 10 kgf/cm^2

    10 kN = 1 tf

Neste livro, onde estiver o símbolo t, entende-se tf; onde estiver kg, entende-se kgf.

PARTE I
OS EDIFÍCIOS, OS LOCAIS E AS SOLUÇÕES DE FUNDAÇÕES

1. A metodologia deste trabalho
2. Descrição dos quatro edifícios a receberem fundações
    - 2.1 Casa térrea isolada
    - 2.2 Sobrado geminado de um lado
    - 2.3 Prédio de apartamentos de três pavimentos, mais térreo geminado de um lado
    - 2.4 Galpão industrial
3. Descrição dos cinco locais de implantação dos edifícios
4. Discutindo detalhadamente cada uma das vinte soluções de fundações
5. Balanço geral

1 — A METODOLOGIA DESTE TRABALHO

Na apresentação de qualquer assunto do conhecimento humano, o método do estudo de casos é altamente rico sob o ponto de vista didático. Foge da "lenga-lenga" dos textos tradicionais, muitas vezes insípidos, inodoros e incolores.

O estudo de casos[1] foi a alternativa expositiva escolhida neste trabalho para apresentar o equacionamento das soluções dos conflitos que envolvem:

- as estruturas de quatro edifícios a receberem fundações;
- cinco locais geotécnicos diferentes, ou seja, cinco sítios geológicos;
- os tipos de fundação que a interação "edifício/local" indica como solução.

Veja:

Foram escolhidos quatro tipos de estruturas a suportar:

- casa térrea isolada;
- sobradinho geminado de um lado;
- prédio de média altura com estrutura de concreto armado, geminado de um lado;
- galpão industrial.

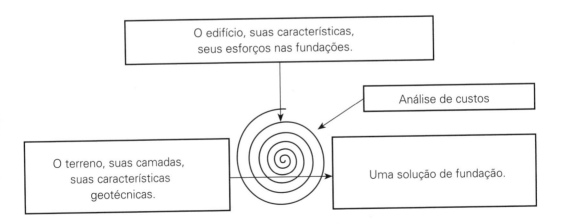

---

[1] Nunca esquecer que este livro é dirigido a jovens profissionais de construção civil e destinado ao estudo de obras de casas e prédios de pouca altura. Consultar sempre as normas de fundações e outros livros.

Esses quatro tipos de edifícios cobrem ampla faixa de edificações e de situações de esforços sobre as fundações, tanto no que se refere ao valor como ao tipo de esforço.

Assim, como qualquer projeto/obra de engenharia, exige-se:

1. Segurança (verificação das rupturas)

2. Funcionalidade (verificação de recalques)

3. Durabilidade (verificação da deterioração)

Assim, vejamos:

Tipo de edifício	Características dos esforços nas fundações
Casa térrea isolada	Carga vertical, positiva, distribuida, bastante baixa
Sobrado estruturado	Carga vertical, positiva, concentrada e baixa
Prédio de concreto armado com três pavimentos + térreo	Carga vertical, positiva, concentrada, de média intensidade
Galpão industrial	Carga vertical, positiva e negativa, momento fletor e carga horizontal

Carga baixa = Carga de pequena intensidade.

Os cinco locais geotécnicos (L-1, L-2, L-3, L-4, L-5) também foram escolhidos de maneira a cobrir alta faixa de problemas e de complexidade.[2]

Quanto aos tipos de fundações, foram escolhidos:

- fundação direta por sapatas-corridas ou sapatas isoladas;
- brocas ou estacas "Strauss";
- estacas pré-moldadas de concreto armado, Strauss ou de hélices contínuas;
- tubulões a céu aberto.[3]

---

[2] Como se verá, o local n.º 5 é diferente dos demais. Para ele não há sondagens disponíveis. Como fazer? É o que veremos adiante.

[3] Tubulões executados com auxílio de ar comprimido são usados para altas cargas (ex.: 1.000 t) e principalmente quando o lençol freático força a entrada de água na obra. A pressão dentro do tubulão impede a entrada de água. Pronta a obra, o funcionamento do tubulão com ar comprimido é igual ao do tubulão construído a céu aberto.

A razão da escolha desses tipos de fundação está ligada ao fato de serem esse, os tipos mais comuns pelo Brasil afora.

O trabalho está apresentado em duas partes.

Na parte I do trabalho, encontra-se:

- a descrição das estruturas a receber fundações;
- a descrição dos locais;
- a solução das fundações.

Na parte II, o caro leitor encontrará Fichas Técnicas que apresentam, de forma sumária, os aspectos técnicos que embasam as matérias da parte I.

Creem os autores que ninguém lerá impunemente as páginas seguintes.

Agora é com você. Respire fundo e comece.

O quadro a seguir (p. 19) ajudará o acompanhamento de todo o trabalho. Acompanhe o texto com base nesse quadro.

Na parte III temos

– Adendo I

– Adendo II

– Adendo III

Boa viagem didática. É o que nós desejamos.

UM LEMBRETE

Aqui começamos a estudar as estruturas dos edifícios para os quais vamos determinar as fundações. Depois analisaremos as condições dos locais de implantação. E, das análises "estruturas versus locais", sairá a solução para as fundações, caso a caso.

Se você encontrar alguma dificuldade de compreensão, procure a Ficha Técnica (Parte II).

Uma nota:

É necessário alertar os jovens colegas uma verdade da vida que por vezes passa desapercebida. Se vamos construir uma edificação, adotaremos alguns cuidados técnicos. Se formos construir mil casas (conjunto habitacional), os tipos de cuidado são outros, ou seja, a quantidade altera a análise relacionada com o assunto. A Ficha Técnica existe para isso e para facilitar sua consulta. Complemente essa consulta com a leitura das normas e de outros livros.

A metodologia deste trabalho

4 edifícios x 5 locais de implantação = 20 soluções de fundações						
		Edifícios a receber fundações				
Descrição dos locais de implantação		Casa térrea isolada	Sobrado geminado	Prédio de apartamentos	Galpão industrial com vento	Simbologia das fundações
Local n.º 1	Solo resistente	Nível de água baixo	1 A	2 A	3 A	4 A	A Sapata
Local n.º 2	Solo não resistente	Nível de água baixo	5 B	6 C*	7 D*	8 B	B Broca(*)
Local n.º 3	Solo não resistente	Nível de água baixo	9 A	10 C*	11 E*	12 A	C Estaca Strauss(**)
Local n.º 4	Solo variável na resistência	Nível de água alto	13 A	14 A	15 D	16 A	D Estaca de concreto(**)
Local n.º 5	Não há informações	Não há informações	17 A	18 Depende, depende	19 –	20 –	E Tubulão

(*) Eventualmente, pode-se utilizar brocas escavadas mecanicamente, atingindo maiores profundidades e capacidades de carga. Brocas Ø 25 mm têm capacidade de carga de 50 kN, e brocas mecânicas com maior profundidade têm capacidade de carga 200 t.

(**) Também nesta edição revisada introduzimos as estacas de hélices contínuas, que podem substituir as estacas Strauss e pré-moldadas.

Observação: No canto superior de cada quadrículo, está indicado o número do caso a estudar.

2 — DESCRIÇÃO DOS QUATRO EDIFÍCIOS A RECEBEREM FUNDAÇÕES

2.1 Casa térrea isolada

A casa térrea isolada representa, por sua enorme repetividade, uma estrutura importante a ser estudada, apesar de as cargas transmitidas ao terreno serem muito baixas. Principalmente se a casa não for estruturada e as paredes distribuírem as cargas ao terreno ao longo de seu desenvolvimento, então as cargas serão realmente muito baixas. Se a casa térrea for estruturada, com vigas e pilares, haverá uma concentração de cargas nesses elementos que precisarão, então, se necessário de sapatas/blocos de fundação.

No caso presente, a casa é de alvenaria, sem pilares. As paredes externas situa-se longe das divisas, não acontecendo, pois, a necessidade de soluções não centradas (caso de sapata excêntrica).

Características da casa:

- telhado com estrutura de madeira;
- forro de madeira compensada;
- alvenaria de um tijolo nas paredes externas[4] e de meio tijolo nas paredes internas (blocos de cimento);
- a alvenaria chega até o solo, ligando-se à fundação;
- piso não ligado às paredes.

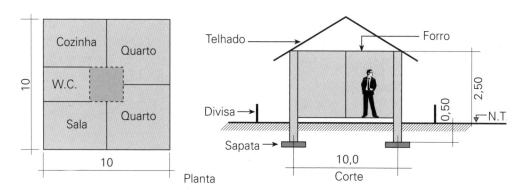

---

[4] Essa praxe de se usar paredes externas de um tijolo e internas de meio tijolo está ligada a razões de conforto térmico e segurança patrimonial. Em termos estruturais, deveria ser o contrário, pois, pela analogia com vigas contínuas, as paredes internas é que deveriam ser de um tijolo, pois recebem cargas maiores que as externas, quando a cobertura é em laje e apoiada igualmente em todas as paredes. O caso em análise é diferente, pois não teremos lajes, e sim cobertura com telhado e forro.

Cálculo das cargas que chegam até às fundações

Admitiremos:

- as paredes externas laterais recebem as cargas dos telhados, dos forros e o peso próprio dessas paredes;
- as paredes internas só recebem seu próprio peso;
- as cargas sobre o piso são descarregadas diretamente no solo, sem ligação com paredes.

Dentro dessas premissas, a maior concentração de cargas será sobre as paredes externas, que, por isso e por outras razões, não estruturais, são construídas com parede de "um tijolo". O desenvolvimento das paredes externas laterais é de 20 m. As cargas do telhado e do forro podem, assim, ser estimadas:

- telhado – telhas molhadas (90 kg/m^2) + vigamento (15 kg/m^2) = 105 kg/m^2;
- forro – 15 kg/m^2 (forro leve);
- total – 120 kg/m^2.

A área total (telhado + forro) é de cerca de 120 m^2 (incluindo beirais), correspondendo a uma carga de cerca de 14,4 t. Essa carga será distribuída nas paredes externas laterais (20 m). Resulta a carga distribuída de 0,72 t/m. Além do telhado e do forro, atua sobre as paredes laterais externas o próprio peso do muro. Admitamos que essa parede tenha, até as fundações, uma altura de 3,00 m. O peso próprio será, então:

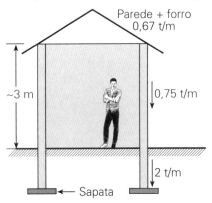

3 m · 250 kg/m^2 = 750 kg/m = 0,75 t/m

Logo, a carga sobre as fundações será de:

0,72 t/m + 0,75 t/m = 1,47 t/m

Considerando que a fundação também tem seu próprio peso e admitindo uma folga adicional para eventual uso de forro mais pesado (laje pré-moldada) e ainda incluída a carga da caixa d'água, podemos "arredondar" a carga sobre o terreno de fundação em 2 t/m.

OBSERVAÇÃO

A solução em alvenaria portante é aconselhável nesse tipo de estrutura para quase todas as classes de solo que admitam uma fundação direta, pois a taxa no solo será muito baixa. Mesmo no caso de solo muito ruim (alagadiço), que requer estacas, as cargas das alvenarias podem ser recebidas por baldrames, e daí encaminhadas às estacas.

Alguns dados sobre cargas de alvenarias, lajes e telhados:
- *blocos cerâmicos*
- *blocos de concreto*
- *tijolos maciços*
- *lajes pré-moldadas de cobertura*
- *cobertura de telhas de barros*
- *cobertura de telhas de fibro-cimento (verde)*
- *cobertura de telhas metálicas*

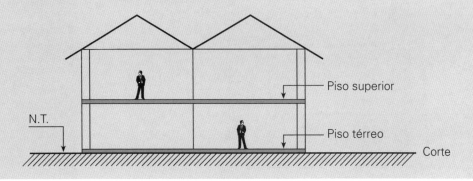

2.2 Sobrado geminado de um lado

Esse sobradinho considerado é um tipo de construção muito difundido, pelo menos no Sul do país. Admitiremos que o sobrado é estruturado, ou seja, tem lajes, vigas e pilares de concreto armado e as alvenarias têm função exclusiva de tapamento.

Neste exemplo, adotemos o caso de sobrado geminado, do qual analisaremos os problemas de construção junto ao limite de propriedade.

Descrição do sobrado

As plantas térreas e elevadas desse sobradinho (padrão da classe média) dizem tudo:

O edifício será estruturado, ou seja, a laje de concreto armado se apoiará sobre vigas e estas, sobre pilares, que descarregarão as cargas nas fundações. As alvenarias do térreo descansarão suas cargas diretamente no solo.

Para efeito de pré-cálculo das cargas que chegarão às fundações, vamos supor:

- carga da cobertura (telhado): 500 kg/m² (cobertura de laje de concreto pré-moldado + telhado);
- carga do primeiro piso: 1.000 kg/m² (peso próprio, laje, viga, pilares e carga acidental).

4 edifícios × 5 locais de implantação = 20 soluções de fundações

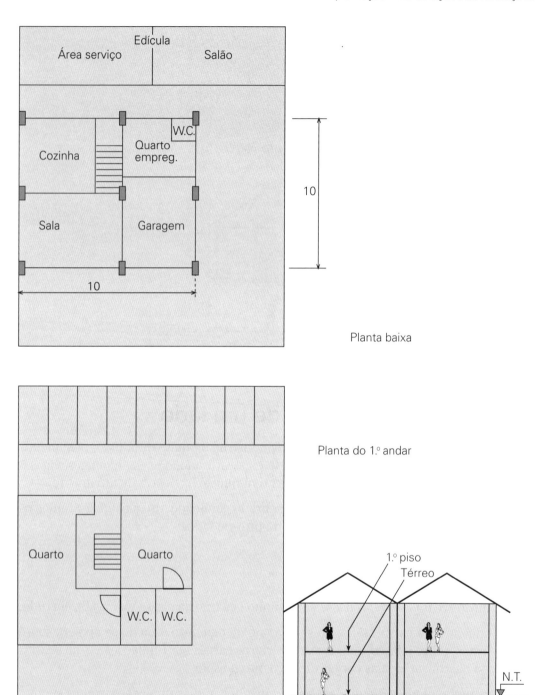

Planta baixa

Planta do 1.º andar

Corte

Dividamos os pilares desse sobradinho em:
- pilares centrais;
- pilares de periferia e de canto.

Os pilares centrais são os que recebem mais cargas, por causa do trabalho de distribuição das vigas contínuas. Vejamos as cargas sobre esse pilar central:

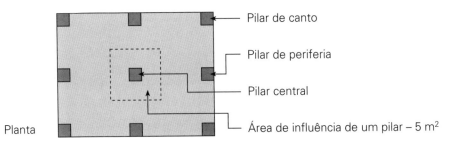

Planta

Cobertura

área de influência = 5 m × 5 m = 25 m²
carga = 25 m² × 0,5 t/m² = 12,5 t (a)

Primeiro piso

área de influência = 5 m × 5 m = 25 m²
carga = 25 m² × 1,0 t/m² = 25 t (b)

Carga total (a + b)

cobertura = 12,5 t
piso = 25
total = 37,5 t

Para os pilares da periferia, podemos adotar metade da carga do pilar de centro, dando: 37,5 ÷ 2 ≅ 19 t e para os pilares de canto adotaremos a quarta parte da carga do pilar central, ou seja: 37,5 ÷ 4 ≅ 9,5 t. Destacamos que, nas cargas consideradas, já está englobada a carga de uma caixa d'água com 1.000 L.[5]

No caso da edícula, no fundo da casa, admitiremos que ela não é estruturada e que, portanto, a alvenaria recebe a carga de telhado e a distribui toda ao longo das paredes, resultando na carga linear de 2.000 kg/m.

Com essa configuração, teremos uma planta de cargas conforme mostramos na página seguinte.

---

[5] Lembrar que estamos considerando as paredes do térreo apoiadas diretamente no terreno, caso tenhamos vigas baldrames; no térreo, há que se considerar mais está carga.

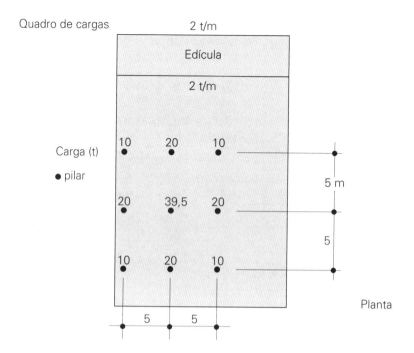

OBSERVAÇÃO

Todas as cargas na fundação – fornecidas pelo projetista da estrutura – devem ser acrescidas de 5% (item 5.6 da NBR-6122/2010), a fim de considerar o peso da própria estrutura de fundação.

Assim, teremos as cargas finais no quadro de cargas, já mostrado.

No dimensionamento dos pilares, vamos assumir dimensões de 20 x 20 cm, com exceção do pilar central, que terá 25 x 25 cm.

Ressaltamos que esses cálculos são estimativos e servem para o cálculo prévio da fundação. No cálculo da estrutura, esses valores devem se alterar, para mais ou para menos, de acordo com o arranjo estrutural concebido. Porém, como nosso objetivo não é o cálculo da estrutura, e sim o das fundações, esses valores atendem perfeitamente. Essa estimativa não inclui o vento, por ele não ser considerado também no cálculo estrutural (caso de estruturas de concreto armado ou de alvenaria de pequeno e médio porte). No caso de estruturas metálicas (como os galpões), essa hipótese de desconsiderar o efeito do vento é incorreta. Temos, nesses casos, de considerar a ação do vento.

2.3 Prédio de apartamentos de três pavimentos, mais térreo geminado de um lado

Foi adotada como exemplo a solução muito usada de prédio com um andar térreo mais três andares, ou seja, o edifício mais alto que se costuma fazer sem elevador. O tipo de prédio é o usado por entidades ligadas à construção para as classes médias, média-baixa e pobre alta.[6] O edifício é estruturado, ou seja, sua estrutura é composta por lajes, vigas e pilares, sendo que a alvenaria não tem responsabilidade estrutural.[7]

Admitimos um prédio geminado, do qual igualmente analisaremos a interferência com a divisa do terreno e cuja garagem é semienterrada (subsolo) e, portanto, sujeita à influência do lençol freático sobre as obras.

Serão aqui consideradas as cargas atuantes, sendo que, nesse caso, o efeito do vento não é considerado, dadas as pequenas dimensões.

As cargas que normalmente ocorrem nos pilares desses edifícios e que são transmitidas à fundação, são:

- Carga acidental (viva) calculada, regra geral, em torno de 150 kg/m^2 a 200 kg/m^2;
- Peso próprio da estrutura de concreto armado, telhado e alvenarias.

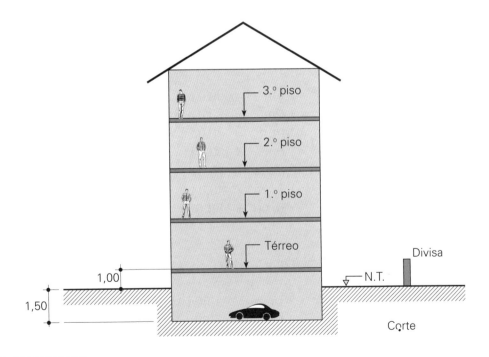

---

[6] Os sociólogos que nos desculpem por essa classificação socioeconômica.

[7] Eventualmente se pode e está cada vez mais comum, as cargas se distribuírem pelas alvenarias, ao longo das paredes do prédio, chamando de alvenaria estrutural, quando em blocos cerâmicos os mesmos devem ser colocados de pé.

Com tudo isso, podemos admitir:

1) carga acidental nas lajes	200 kg/m²
2) peso próprio da laje⁽*⁾	425 kg/m²
3) peso próprio do forro	50 kg/m²
4) peso próprio do contra-piso e piso	150 kg/m²
5) peso próprio de paredes diversas	150 kg/m²
	975 kg/m² ≅ 1 t/m²

⁽*⁾ (0,17 média de uma laje considerando laje, vigas e pilares) 0,17 × 2.500 = 425.
REFERÊNCIAS
Norma Brasileira (NBR-6120) – "Cargas para o cálculo de estruturas de edificação"
Pesos normais de forro a serem fornecidos pelo fabricante
Pesos normais de piso a serem fornecidos pelo fabricante do contrapiso:
0,04 m × 2,4 t/m³ ≅ 100 kg/m²

Distribuição dos pilares

Trata-se de um edifício com subsolo para garagem e sem elevador. Possui quatro apartamentos por andar. O cálculo estimativo das cargas que chegam às fundações segue o mesmo esquema do apresentado no sobrado.

Pilares centrais

    Área de influência 6 m × 5 m = 30 m²

      Carga nos pisos:

        Térreo 30 m² × 1 t/m² = 30,0 t
        1.° 30 m² × 1 t/m² = 30,0 t
        2.° 30 m² × 1 t/m² = 30,0 t
        3.° 30 m² × 1 t/m² = 30,0 t
        Cobertura 30 m² × 0,5 t/m² = 15,0 t
        Piso subsolo 30 m² × 1,5 t/m² = 45,0 t
        Total = 180,0 t

Pilares de canto

    Área de influência 3 m × 2,5 m = 7,5 m²

      Carga nos pisos:

        Térreo 7,5 m² × 1 t/m² = 7,50 t
        1° 7,5 m² × 1 t/m² = 7,50 t
        2° 7,5 m² × 1 t/m² = 7,50 t
        3° 7,5 m² × 1 t/m² = 7,50 t
        Cobertura 7,5 m² × 0,5 t/m² = 3,75 t
        Piso subsolo 7,5 m² × 1,5 t/m² = 11,25 t
        Total = 45,00 t

Descrição dos quatro edifícios a receberem fundações

Pilares de periferia

Área de influência: $6 \text{ m} \times 2,5 \text{ m} = 15 \text{ m}^2$

Portanto carga dos pilares centrais/2

$$180,0 \text{ t}/2 = 90,0 \text{ t}$$

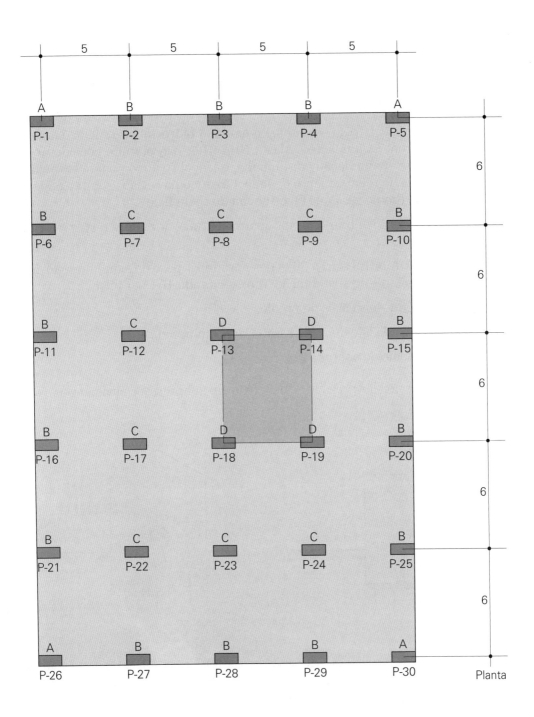

Planta

No caso especifico desse edifício, temos um novo assunto a tratar, que é a construção de um andar subterrâneo (garagem) que sofre a ação do empuxo hidrostático, no caso de o lençol freático ser alto. Temos duas soluções estruturais a considerar, face a esse problema:

caso n.º 1) construir piso de garagem estanque e absorvendo a ação do empuxo hidrostático. Isso exige a construção de uma laje bastante cara, para resistir à ação desse empuxo (laje de subpressão);

caso n.º 2) piso da garagem não estanque (permeável, com drenagem). Com isso, a água do subsolo penetra (e devemos permitir sua entrada para que ela não aplique empuxo à laje). Isso requer seu esgotamento por sistema de bombas, durante as 24 horas do dia, para que a garagem não seja inundada.[8]

Notar que no caso 1 (piso estanque) o empuxo hidrostático reduz a carga que os pilares transmitem às fundações. Mas a NBR-6122 não permite considerar esse alívio nos elementos de fundação pois, um dia, o lençol freático poderá extinguir-se (grande seca, obras de rebaixamento de lençol freático na região) e então poderiam ocorrer problemas (como recalque) face ao fim do "benefício".

Quanto aos pilares, lembrar que, aos quatro centrais, deve-se acrescer a carga da caixa d'água de 20.000 L.

Portanto $20,00 \text{ m}^3 \times 1,8 \text{ t/m}^3 = 36$ t (peso próprio + peso da água) que são distribuídas em quatro pilares de sustentação, representando 10 t por pilar.

Vamos considerar dois casos de prédios:

- com o acréscimo da laje de subpressão (laje bem pesada);
- sem a carga da laje de subpressão.

Nos dois casos foi desprezado o benefício da subpressão, aliviando as cargas sobre as fundações.

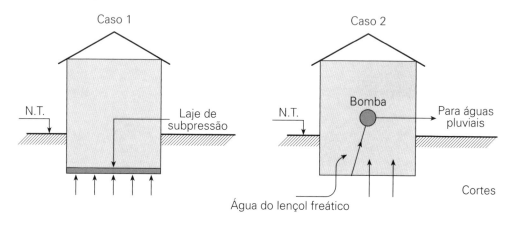

---
[8] Na época seca, se você notar uma água cristalina correndo pela sarjeta de uma rua de seu bairro, durante a maior parte do tempo, acredite: é água infiltrada na laje de garagem sendo escoada por bombas.

Descrição dos quatro edifícios a receberem fundações

Os dados sobre os pilares podem ser agrupados da seguinte forma:
1) carga do pilar com laje de subpressão (t);
2) idem 1 mais peso próprio do bloco ou sapata (t);
3) idem 1, mas no caso de não haver laje de subpressão;
4) idem 2 mais peso próprio do bloco ou sapata;
5) pré-dimensionamento dos pilares (seção transversal, no caso de haver a laje de subpressão (cm));
6) idem 5 sem laje de supressão.

Códigos dos pilares	1 / 2	3 / 4	5	6
A	45 / 47	34 / 36	20 x 25 cm	20 x 20 cm
B	90 / 95	68 / 72	45 x 20 cm	40 x 20 cm
C	180 / 190	135 / 142	65 x 30 cm	60 x 25 cm
D	190 / 200	145 / 152	70 x 30 cm	60 x 25 cm

NOTA

Os pilares P-13, P-14, P-18 e P-19 recebem adicionalmente a carga de uma caixa d'água.

2.4 Galpão industrial

Veja no desenho a seguir o galpão que escolhemos.

Optamos pela escolha desse tipo de estrutura por ser bastante comum em pequenas indústrias ou oficinas. Os esforços são sensivelmente diferentes dos demais casos, pois nesse tipo de construção a ação do vento é preponderante, face à leveza e forma da obra, resultando em esforços de todos os tipos sobre as fundações. Esses esforços são:

- esforço vertical nos dois sentidos (compressão e arrancamento/tração);
- esforço horizontal nas duas direções e sentidos;
- momentos fletores nas duas direções e sentidos.

Nesse exemplo, apresentamos um caso real de galpão, do qual anexamos um croqui. O galpão não possui fechamento lateral, quer em telhas, quer em alvenaria.

Normalmente, o fabricante da estrutura metálica fornece o projeto executivo e informa documentalmente ao engenheiro de fundações esses esforços.

Nesses tipos de estrutura, os esforços que o projetista das fundações necessita conhecer são:

- esforço vertical, positivo (compressão) ou negativo (tração);[9]
- esforço horizontal nos dois eixos e nos dois sentidos;[9]
- momento fletor em um eixo e nos dois sentidos;[10]
- carga permanente da estrutura e das telhas;
- carga acidental (sobrecarga de pessoas no telhado);
- carga de vento.

As combinações de esforços já estão feitas no quadro de cargas.

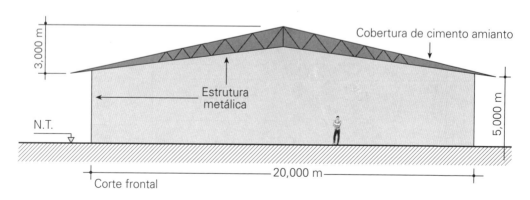

---

[9] Deve-se ter os esforços só de cargas estáticas de peso próprio mais vento, pois a NBR-6122 permite no segundo caso aumentar em 30% as cargas resistentes da fundação.

[10] Os momentos na direção transversal do galpão são os principais, por terem somente dois pilares para contraventar já no caso da direção longitudinal uma quantidade significativa de pilares.

NOTA

Nas construções metálicas, as dimensões chegam à precisão de milímetros (mm) face à necessidade de montagem de peças prontas. Há casos até de décimos de milímetros.

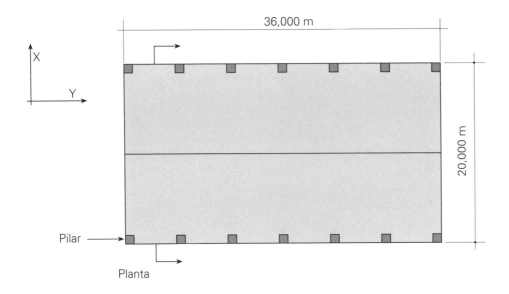

Planta

Os dados do galpão, fornecidos pelo seu fabricante, são:

Carga nos apoios (pilares)   H – força horizontal (t)
P – força vertical (t)

Carga nos apoios	APOIO TIPO 1			
	Pv (t)	Hx (t)	Hy (t)	Mx (tm)
Carga permanente + sobrecarga (t)	+ 2,5	–	–	–
Carga permanente + vento (t)	– 1,9	± 0,3	± 0,1	± 1,4

t - tonelada

    Observe que, quando atua o vento, o bloco de fundação recebe esforço de arrancamento/tração. Quando não atua o vento, o esforço na fundação é de compressão.

    As causas de preocupação com o vento no galpão são devidas à:

- peso extremamente leve da estrutura do galpão;
- só há duas fileiras de pilares para enfrentar a ação do vento;
- falta de paredes divisórias que ajudariam a travar a estrutura.

LEMBRETE

Pronto! Já conhecemos as quatro estruturas dos nossos edifícios, no tocante aos esforços que eles transferem às fundações. Vamos agora estudar os cinco locais de implantação. Como serão esses locais? Calma, calma, caro leitor. Chegaremos a eles.

3 — DESCRIÇÃO DOS CINCO LOCAIS DE IMPLANTAÇÃO DOS EDIFÍCIOS

O critério de escolha, pelos autores, dos cinco locais, objetivou abranger uma gama muito elevada de soluções de fundações, englobando solos argilosos, arenosos, sedimentares e residuais que constituem a maioria das situações com as quais nos deparamos nos casos práticos do "dia a dia".

O local n.º 5 é um caso especial, pois não dispõe de sondagens e o tratamento dessa situação será específico, como veremos adiante.

Analisemos agora cada um dos quatro outros locais, a partir de:

- Sondagens geotécnicas de percussão;
- Visita minuciosa ao local (inspeção tão importante quanto a sondagem).

Todo canteiro de obras deve ser inspecionado, não há como definir uma fundação sem essa pesquisa e sem sondagens, pois ambas as coisas são de idêntica importância, a saber sob a forma de perguntas e respostas.

- O equipamento de fundações entra no local da obra?
- No caso de estacas a serem executadas junto a divisa do terreno e existam muros construídos na divisa, os equipamentos de execução destas estacas só conseguem trabalhar a uma distância de um diâmetro do seu eixo a divisa. No caso de duas divisas em 90° de um diâmetro de uma divisa e 2 m da outra (sempre é bom consultar a emprea de fundações).
- O equipamento opera normalmente em terrenos inclinados? Até cerca de 30° com a horizontal as empresas de fundação se viram, acima disso é complicado.
- Sempre é bom observar a cota de assentamento dos vizinhos para que nossa fundação não fique em desnível com as fundações vizinhas (consultar item 7.7.4 da Norma).
- É bom lembrar que as fundações, apesar de terem espaços nos recuos de frente da obra, não podem invadir os recuos mesmo que enterradas.
- Casas antigas e mesmo mal construídas vizinhas à obra podem sofrer com vibrações de bate-estacas.
- E lembre-se da primeira aula de fundações, em que o professor de fundações lembra que é sempre bom verificar nas obras vizinhas qual o tipo de fundação utilizada e seu desempenho (claro, quando existirem obras vizinhas).
- Verificar no local se haverá situações de corte e aterro na projeção da edificação.

3.1 Local n.º 1

A figura de sondagem do local n.º 1, a seguir, mostra que o terreno está na cota 5,27 m.

O primeiro metro é de aterro (lançamento, pelo homem, de solo sobre o terreno natural).[11] Os 7 metros que se sucedem ao aterro são de areia e depois aparece uma camada de 2,80 m de argila siltosa, logo depois reaparece outra camada de areia com cerca de 4 metros de espessura, sendo a sondagem interrompida em um trecho de argila siltosa. Lembre-se de que todas essas classificações e identificações do solo foram realizadas em laboratório a partir de amostras levadas pelo sondador. A classificação é feita por meio de uma amostragem tátil-visual sem o emprego de aparelhos. É uma análise qualitativa. O SPT[12] das camadas está representado à sua esquerda e indica a resistência (número de golpes para penetrar o amostrador padrão, veja a Ficha n.º 6) da camada. Vamos, agora, à interpretação dos resultados.

Pela sucessão de camadas de solos arenosos, intercalados com solos argilosos, temos um solo sedimentar, ou seja, proveniente de vários locais e de vários tipos de rocha que chegaram por milênios a esse lugar, por transportes da natureza (água, vento ou gravidade).

Com nível d'água baixo (foi medido no final do período da seca), pode-se dizer que o parâmetro "água" não impede a adoção de qualquer tipo de fundação (veja Ficha n.º 6).

Quanto às escavações, no caso de uso de tubulões, deve-se estudar a estabilidade do solo com muito cuidado, por se tratar, em sua maior parte, de material arenoso e de fácil desmoronamento.

Os SPT indicam um solo bem resistente (normalmente, SPT maiores do que 20 indicam solos compactos ou duros). Notar que, nos primeiros metros, o terreno fica com SPT em torno de 20 e, a partir daí, o SPT aumenta.

Destaque-se o SPT com 65 golpes alcançados com 10 metros de profundidade, fato que não costuma ocorrer nesse tipo de solo.

Como regra geral, índices de 45 a 50 golpes indicam o fim de solos suscetíveis a ensaios de percussão, como o SPT. Notar que, após o trecho mais resistente (SPT = 65), o índice caiu para SPT = 26. Possivelmente, esse trecho mais resistente correspondia a uma lente de solo estratificado e muito delgado ou uma pedra. Isso demonstra o quanto é delicado interpretar um resultado de sondagem. Uma pessoa menos experiente, comandando uma equipe de sondagem, teria interrompido com SPT = 65, concluindo haver encontrado um terreno muito resistente, quando na verdade tratava-se apenas de uma camada delgada muito resistente. A execução da sondagem em vários pontos ajuda na obtenção da conclusão final. Aliás, o que deve ser interpretado

---

[11] Para definir a zona de aterro, um dos critérios é a grande mistura de materiais, fato resultante da ação do homem. O solo natural não tem essa diversidade de constituição.

[12] *Standard penetration test*, ou seja, teste padrão de penetração.

Descrição dos cinco locais de implantação dos edifícios 37

não é um resultado de boletim, e sim a totalidade dos resultados de *todas as sondagens e da inspeção de campo*.

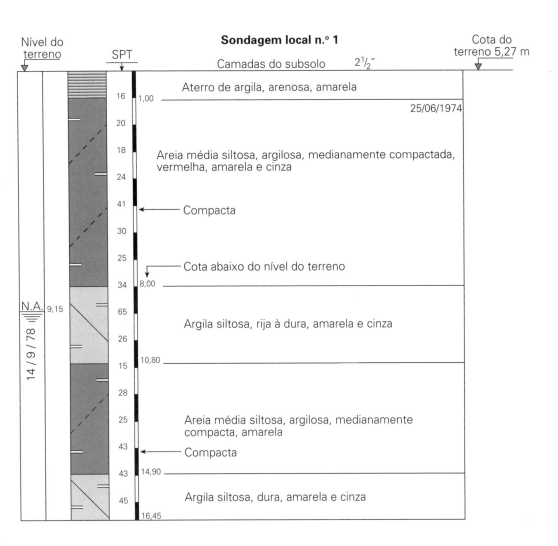

NOTA

Admitimos que as sondagens foram executadas antes de qualquer intervenção recente do homem no local para a execução da obra.

Com todos esses subsídios em mãos, pode-se, então, identificar o solo do local em estudo. É importante destacar a experiência do sondador no andamento da sondagem. Nesse caso, o profissional não se deixou impressionar pela ocorrência de um SPT de 65, continuou a percutir (bater) e atravessou a lente de solo mais resistente, voltando a uma camada de solo de menor capacidade. Caso o sondador tivesse parado a sondagem na camada mais resistente, o engenheiro de fundações seria induzido a apoiar sua obra nessa camada que, na verdade, não existe, pois é uma simples lente (trecho fino) de camada mais resistente. Apenas uma larga experiência do engenheiro de fundações o salvaria de cometer um grave erro.

A cerca de 16,45 m, parou-se a sondagem (veja a Ficha n.º 6 – Parte II). A inspeção ao local da obra indicou:

- topografia – terreno em local alto e muito íngreme (20%);
- zona urbana densamente habitada;
- lotes vizinhos já edificados;
- ausência de vegetação e cursos d'água.

Em linguagem leiga, o terreno do local 1 é "muito bom" para fundações. O que o leigo não consegue detectar é que o solo é sedimentar, ou seja, formado por camadas de solo de várias origens. O terreno sedimentar, pela sua heterogeneidade de origens, dificulta a escolha de um tipo de fundação.

NOTA SOBRE AS RESISTÊNCIAS DOS MATERIAIS

As denominações "areia compacta", "argila dura", "areia medianamente compacta" do boletim de sondagens não provêm de suas determinações em equipamento de laboratório. O laboratorista faz essas indicações correlacionando o material enviado ao laboratório com o número de pancadas à penetração do amostrador.

(Valor do SPT). Veja a Ficha n.º 6.

3.2 Local n.º 2

Estamos diante de um terreno terrível! É a camada "argila porosa silto-arenosa". É uma argila de baixa resistência, como indicam os índices SPT, variando na faixa de 0 a 3, e de 3 a 5. Abruptamente, na cota 6 m, o solo passa para um SPT de 20, sobe para 34 e depois se torna tão resistente que o amostrador tem dificuldade de penetrar, dando 37 golpes para penetrar 9 cm, 36 para penetrar 11 cm e 45 para penetrar 15 cm, chegando a uma areia fina, siltosa, muito compacta.

A argila porosa não constitui solo apropriado para uso de fundação direta pelos motivos a seguir:

- baixíssimas resistências à compressão;
- por sua estrutura porosa, esse terreno, ocorrendo encharcamento de água e sob cargas, se adensa e provoca recalques imediatos chamados colapsos inadmissíveis na estrutura, também chamados de solos colapsíveis. Observamos que em um paralelo acima de Campinas todo o interior de São Paulo, geralmente, possui esse tipo de terreno (veja o item 7.5.3 da NBR-6122/2010).

O solo é residual, como opina o laboratório de solos da empresa de sondagem. Sendo baixo, o nível d'água, não constitui problema futuro para a obra. O solo residual trata-se da decomposição gradual da rocha matriz, por ação de chuvas, frio e calor que vai gradualmente degradando a rocha e se transformando em solo.

Notar que a interrupção da sondagem (SPT) atendeu ao item 6.1.11. da NBR-6484, pois obtivemos em três metros sucessivos 45 golpes para penetrar 30 cm.[13]

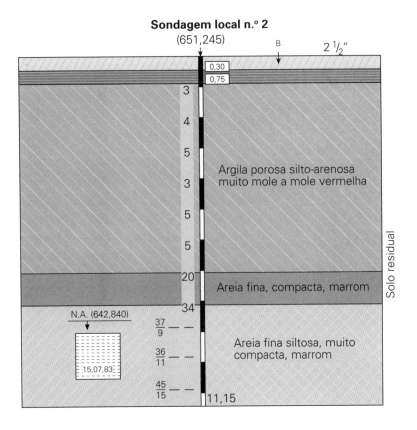

Sondagem (n.º)	Revestimento (m)	Avanço a trado		Avanço por lavagem (m)
		Cavadeira	Espiral	
2	8,45	0,00 a 2,00	2,45 a 8,45	8,45 a 11,15

Destacar que, até a profundidade de 8,45 m, o avanço da perfuração se fez com trado cavadeira ou trado espiral. A partir daí, a perfuração foi feita com lavagem de água, revestindo a perfuração com tubo de aço.

---

[13] Consultar a NBR-6484/2001 ou a ficha n. 6.

Esclarece-se que os três últimos resultados são obtidos da seguinte forma:

- 37 golpes para descer 9 cm; 2.ª e 3.ª medições resultaram em inúmeros golpes para descer zero cm;
- 36 golpes para descer 11 cm; 2.ª e 3.ª medições resultaram em inúmeros golpes para descer zero cm;
- 45 golpes para descer 15 cm; 2.ª e 3.ª medições resultaram em inúmeros golpes para descer zero cm.

Esclarece-se aqui também que o ensaio SPT tem um espectro de variação de medições entre 1 golpe/30 cm até 50 golpes/30 cm; fora desse espectro, suas avaliações são precárias. Abaixo de 1 golpe são terrenos muito moles, objeto de outros ensaios fora do escopo deste livro, e acima de 50 golpes idem, já necessitando de sondagens rotativas.

Em minuciosa visita ao local, foi constatado que:

- topografia – terreno plano em local alto;
- lotes vizinhos não urbanizados;
- terreno já terraplenado (só corte). A sondagem foi feita antes da terraplenagem;
- ausência de vegetação e de cursos d'água.

3.3 Local n.º 3

Pela simples visualização do boletim de sondagens, verifica-se que estamos diante de um legítimo representante dos solos residuais. Tirando-se a camada de solo superficial, que é um aterro (lançamento de solo pelo homem), as próximas camadas têm clara classificação geológica, uniformidade de solos e de resistência que cresce com a profundidade, sem ocasionar sustos ou sobressaltos.

A própria alteração de solo, passando de argila siltosa para silte argiloso, é desprezível, pois argila siltosa e silte argiloso são praticamente a mesma coisa visualmente (analogicamente diríamos "alteração de areia para silte arenoso").

A não detecção de lençol freático mostra que não será o problema do nível de água que influenciará a escolha do tipo de fundação.

A paralisação dessa sondagem seguiu o critério do item 6.1.11. da NBR-6484, por já termos atingido um terreno resistente por vários metros (cerca de 13 m) e pelo fato de as cargas, relativamente aos tipos de estruturas que estudaremos, não serem muito elevadas. Como veremos em "Discutindo detalhadamente cada uma das vinte soluções de fundações" (no Capítulo 4 desta primeira parte), a extremidade inferior das fundações ficará bem distante do final das sondagens, ou seja, as tensões que chegarão às camadas mais profundas indicadas pela sondagem serão bem pequenas. Aqui é possível destacar uma relação de independência entre sondagens e estruturas a suportar. Estruturas pesadas (como pontes e grandes prédios) e que geram grandes cargas nas fundações exigem sondagens mais profundas, pois transmitem elevadas tensões ao solo e, com isso, influenciam camadas mais profundas que precisamos conhecer (ver a Ficha n.º 5). Obras de pequeno vulto podem aceitar sondagens bem menores.

Descrição dos cinco locais de implantação dos edifícios

Analisaremos agora a resistência do solo. Até a profundidade de um metro temos aterro com vegetais e resistência baixíssima (SPT ≤ 2); até 4 metros de profundidade, temos uma argila silto-arenosa que, convenhamos, é uma autêntica "colcha de retalhos". Esse solo é mole.

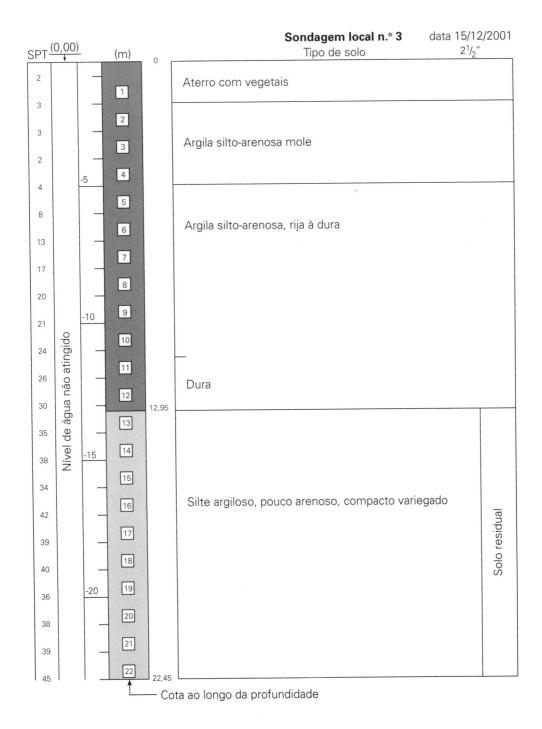

Só a partir dos 4 metros é que o terreno, apesar de continuar a ser de argila silto-arenosa, não alterando sua composição, começa a ter resistência crescente, com SPT de 8 até 35. Observe que, a 13 metros de profundidade, o terreno sofre mudança passando a silte argiloso, pouco arenoso, mas que, convenhamos, não tem grande alteração geológica em relação à argila silto-arenosa. O SPT, nessas profundidades, é sempre maior que 30.

Conclusões:

- Não são viáveis soluções rasas de fundação (sapatas) para cargas médias, como as de prédios de apartamentos de poucos andares. O correto é adotar fundações profundas (estacas Strauss; estacas pré-moldadas de concreto armado ou de hélices contínuas), estacas cravadas a seco;
- Não teremos problemas com o lençol freático nas escavações.

  Em visita ao local, constatamos:
- topografia – terreno plano em local alto;
- zona de periferia, pouco construída;
- alguns lotes próximos já construídos;
- terreno já terraplenado (região de corte). A sondagem é anterior à terraplenagem;
- ausência de vegetação e cursos d'água.

Destacamos (acredite se quiser) que, algumas vezes, nos deparamos com sondagens que acusam ausência de nível d'água e em visita ao local constatamos presença de curso d'água próximo ao terreno e no mesmo nível, evidenciando a falta de cuidado na observação, pelo sondador, do nível d'água.

Mais uma vez terá prevalecido a experiência do profissional realmente habilitado e que visitou o local da futura obra. Temos de confiar desconfiando!!! A verificação do nível d'água nas sondagens deve ocorrer 24 horas após o término da perfuração, pois, no caso de solos argilosos, a elevação da água é lenta pelo fato de esses solos serem muito impermeáveis, situação que nem sempre é respeitada pela velocidade que se impõe para a execução das sondagens com menor custo.

Pergunta:

Digamos que uma sondagem tenha sido feita em época de seca e não tenha detectado lençol freático elevado. Se a mesma obra for feita em época de chuva, quando o lençol freático tende a subir, como interpretar o resultado?

Resposta:

Normalmente, a variação anual do lençol freático não ultrapassa um metro, desde a estação chuvosa até a seca. Quando for estudar sua obra, verifique as repercussões desse metro face às cotas de sua obra.

Entretanto, atenção com o nível d'água! Nível d'água alto em local argiloso pode não ser fonte de problema, pois a infiltração ou a percolação da água nas cavas de fundação é reduzida e lenta. Em solos arenosos, é o contrário. Com lençol freático alto, a água rapidamente inunda a vala.

Normalmente as variações mais relevantes de nível d'água se dão em talvegues ou próximos deles.

3.4 Local n.º 4

Depois de uma simples "análise" na sondagem do local n.º 4, notaram-se alternâncias de camadas de areia e argila; temos uma clara indicação de solo sedimentar, ou seja, proveniente da deposição, pela natureza, de camadas de materiais de origens diferentes.

A outra indicação de terreno sedimentar é a grande variação na resistência à penetração (SPT) que ocorre a 4,5 m, em que o SPT cai de 14 para 3, 4 e 3 e depois volta para a faixa do SPT 15. No nível 3,70 m, ocorre uma camada muito compressível que deverá ser analisada na escolha das fundações.

Trata-se, pelo visto, de um solo de difícil previsão de comportamento, como é todo solo sedimentar.

O nível d'água é próximo da superfície do terreno, o que complica o uso de fundações que exigem sapatas e tubulões[14] a céu aberto.

Essa sondagem foi paralisada pela ocorrência da situação de impenetrável à percussão, o que acontece, às vezes, pela ocorrência de matacões ou pedras maiores que 20 cm. Para se ter uma melhor informação do que está ocorrendo no subsolo (se é camada resistente ou matacão), o correto é deslocar o furo de sondagem alguns metros e refazer a sondagem. No caso de fundações de pontes e viadutos, mesmo ocorrendo camadas rochosas, é necessário ter mais informações sobre essa camada e é fundamental investigá-la. Usaremos nesses casos, fora dos limites deste livro, outro tipo de sondagem e não mais a percussão, pois esse tipo não atravessa rocha. Na camada rochosa, faz-se sondagem rotativa, que utiliza coroa de diamante,[15] que pode fazer furos na rocha.

Em visita ao local n.º 4, constatamos:

- topografia – terreno plano em local baixo;
- zona de periferia – pouco construída;

---

[14] Como em todos os resultados de sondagens sempre há a observação "para verificação correta do nível d'água, executar poço de maior diâmetro", o que às vezes é muito aconselhável. A questão do nível d'água e sua influência nas escavações depende também – e muito – do tipo de solo. Se o nível d'água for alto, mas o solo for argiloso, talvez, não ocorra volume d'água significativo na vala de escavação. Um poço exploratório permitirá avaliar com muita exatidão esse fato.

[15] A norma de sondagem em rocha é a NBR-6490: "Reconhecimento e amostragem para fins de caracterização de ocorrência de rochas".

- alguns lotes já construídos nas proximidades;
- terreno já terraplenado (corte);
- presença de curso d'água próximo e vegetação rasteira.

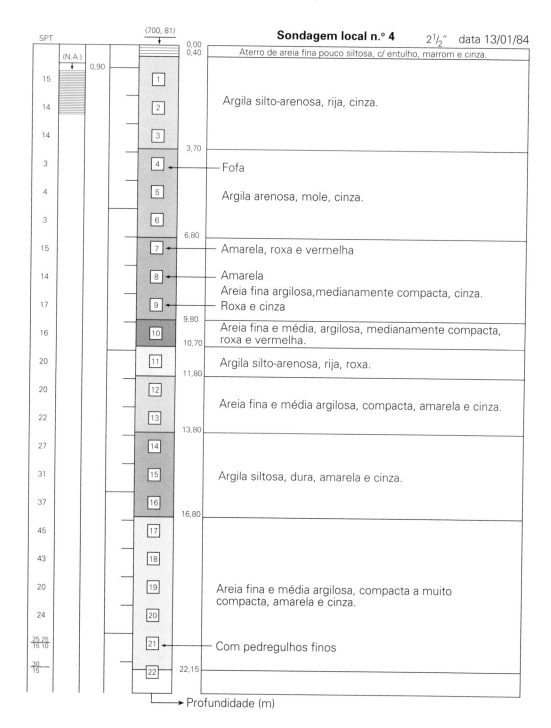

Descrição dos cinco locais de implantação dos edifícios

3.5 Local n.º 5 (sem sondagem)

Nesse local não foram executadas sondagens. Apesar disso, o local foi visitado e suas imediações, percorridas. Obras de corte e aterro nas imediações foram visitadas. Agora, fica o problema: podemos projetar obras de fundação nesse local? É o que veremos: não percam!

Pausa para meditação

Pronto! Já conhecemos os quatro edifícios e os cinco locais de implantação. Vamos agora, sem delongas, jogar um contra o outro e procurar encontrar as soluções para as fundações.

Atenção! Atenção!

Quando tudo estava pronto para a impressão do trabalho, recebemos um e-mail urgente do Eng. Meirelles (que transcrevemos a seguir):

"Para MHC Botelho. Cuidado com texto atual. Ele sugere certa linearidade do assunto 'estrutura e fundações'. Pode dar ideia, de que, resolvida estrutura, escolhe-se, coerente com ela, a solução da fundação".

Assim, um leitor menos avisado entenderia desta forma a sequência do estudo:

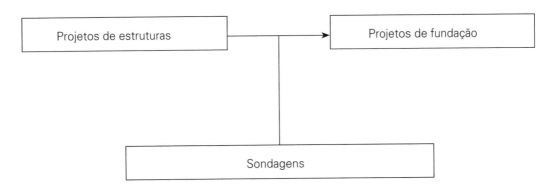

O leitor precisa ser avisado de que, às vezes, as soluções de fundação interferem e alteram o projeto estrutural. Outras vezes, mudam até a arquitetura. Há um caso famoso de edificação de um prédio em região de solo muito compressível em que a única solução economicamente viável foi prever uma fundação que sabidamente recalcaria algumas dezenas de centímetros ao longo dos anos.

O projeto da arquitetura do prédio levou isso em conta e a rampa de acesso da rua até o primeiro andar do prédio (andar de garagem, propositalmente) era uma rampa ascendente do nível da rua até a edificação.

Essa rampa era uma estrutura independente do resto da edificação. Com o tempo, o prédio foi afundado e a rampa foi sendo modificada. Atualmente, 15 anos depois, o primeiro andar é o térreo e a rampa ascendente agora é ligeiramente descendente!

É um caso concreto de interação entre o projeto de fundações, projeto de arquitetura e projeto de estruturas.

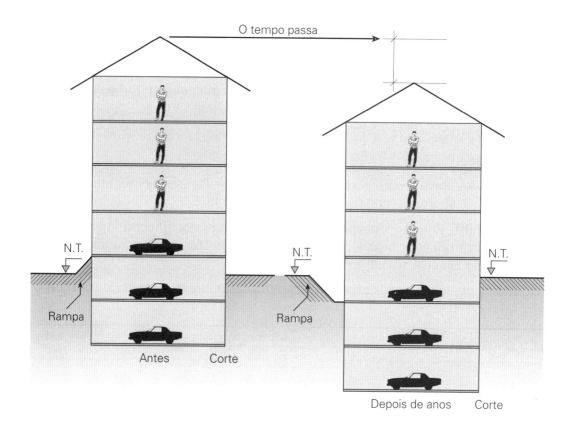

Considerando, adicionalmente, que o tipo da estrutura pode e deve condicionar o tipo de investigação do subsolo (fixação da profundidade da sondagem, necessidade de outros testes geotécnicos), então, uma visão mais realista do encaminhamento dos estudos é:

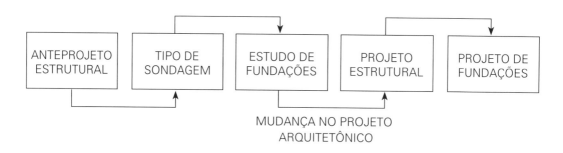

4 — DISCUTINDO DETALHADAMENTE CADA UMA DAS VINTE SOLUÇÕES DE FUNDAÇÕES

Caso n.º 1 — Casa térrea no local n.º 1

Tomando-se por base o estudo da estrutura da casa térrea, teremos uma carga distribuída de 2 t/m ao longo das paredes laterais externas e junto às fundações.

Considerando-se o excelente solo local (veja a Seção 3.1.) o tipo mais econômico de fundação é a direita em solo raso, ou seja, por sapatas.[16] A única dúvida restante é:

> Usar sapatas corridas ou isoladas?

Como a carga está distribuída ao longo da parede, vamos estudar o uso da sapata corrida, ou seja, uma sapata que se desenvolve ao longo de todas as paredes estruturais.

Veja a solução:

Como dimensionar essas sapatas?

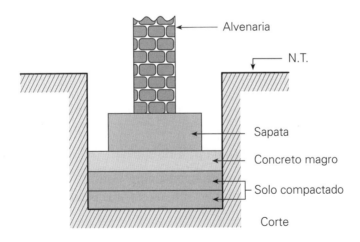

---

[16] Quando a sapata corre ao longo de todas as paredes, chama-se sapata corrida e, na linguagem popular, em alguns locais do país é chamada de alicerce, palavra sagrada em nossa cultura, pois tanto sugere base como apoio.

O critério é o mesmo, tanto para as sapatas corridas quanto para as isoladas:

$$\sigma_{ad} = \frac{SPT}{5} \text{ em kgf/cm}^2 \text{ resistência do solo}$$

$$\sigma_{ad} = \frac{10\,SPT}{5} = 2,00 \text{ kg/cm}^2$$

Válido para 5 < SPT < 20 golpes

onde SPT corresponde à camada sobre a qual assentaremos a fundação.

Notar que essa fórmula é válida para as fundações rasas (até um metro de profundidade).

Para maiores profundidades (caso de tubulões) ocorre a chamada "fundação confinada" e para um mesmo SPT a capacidade de carga do solo aumenta.

No nosso caso de fundação rasa, à profundidade de um metro (profundidade mínima para fugir do terreno superficial cheio de raízes, detritos etc.) o SPT do local n.º 1 é de 16, logo:

$$\sigma_{ad} = \frac{SPT}{5} = \frac{16}{5} = 3,2 \text{ kg/cm}^2 = 32 \text{ tonf/m}^2$$

Como nossa carga no solo é de 2 t/m e a área de sapata mínima é de 0,60 m, 0,4 m = 0,4 m^2, a tensão de trabalho será:

$$\sigma_{trabalho} = \frac{2}{0,4} = 5 \text{ t/m}^2 < 32 \text{ tonf/m}^2$$

Estamos numa situação folgadíssima. Nem precisaríamos usar sapatas, bastaria fazer as paredes descerem até o solo. Todavia, é recomendável a execução de sapatas com dimensão não inferior a 40 cm.[17] Além disso, sapatas associadas a um baldrame oferecem a vantagem de criar solidariedade longitudinal (veja a figura a seguir). Se um trecho do solo for ruim (existência, por exemplo, de formigueiro), a sapata contínua distribui os esforços como se fosse uma ponte sobre solo ruim.

A desvantagem da sapata corrida é exigir ao longo de todas as paredes: escavação, concreto magro[18] e o concreto da própria sapata.

Não seria melhor concentrar a carga em alguns pontos? Uma viga receberia, então, a carga das paredes e a distribuiria sobre as sapatas isoladas. Essa viga chama-se "baldrame".

---

[17] Está tecnicamente comprovado por ensaios experimentais que não é recomendável a execução de sapatas com dimensões (largura) inferiores a 40 cm. Lembrar que o item 7.7.1 da NBR-6122/2010 recomenda largura de 60 cm no caso de sapatas isoladas; para utilizar 40 cm, precisamos estar com muita folga.

[18] Concreto magro = concreto pobre em cimento com a composição em volume, por exemplo: 1:3:5 (cimento, areia, pedra).

Veja uma viga-baldrame descarregando a carga sobre sapatas isoladas:

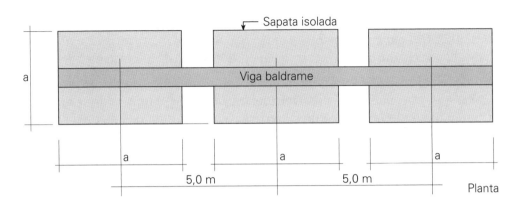

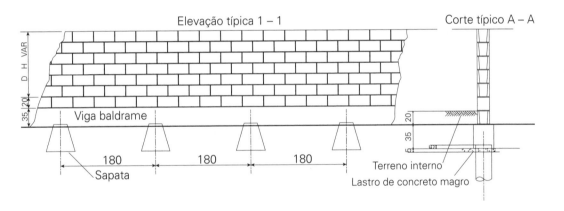

Cada sapata isolada receberá a carga de:

$$5 \text{ m} \times 2.000 \text{ kg/m} = 10.000 \text{ kg} = 10 \text{ t}$$

Como a taxa do terreno é de 32 t/m², então a área da sapata será:

$$S = \frac{10.000}{3,2} = 3.125 \text{ cm}^2$$

Sendo a sapata quadrada (S = a × a = a²), cada lado valerá:

$$a = \sqrt{3.150} = 55,90$$

a = ~55,90 cm, arredondando 60 cm de lado

Logo, a solução encontrada foi descarregar a carga em sapatas isoladas, quadradas, de 60 cm de lado.

Considerações importantes

1. A dimensão de 60 cm é aceitável por ser próxima de 80 cm e tratar-se a "areia siltosa e argilosa".[19] A referência a 80 cm é dada pelo fato de ser essa a largura das placas utilizadas em estudos de Mecânica dos Solos para prever as capacidades de carga dos solos. Em qualquer caso, a dimensão mínima de uma sapata é de 40 cm.

2. É fundamental a total retirada do aterro, face a presença de raízes e matéria orgânica sobre as quais não é possível apoiar nada. Aliás, a prática de se aprofundar, um mínimo, de um metro de superfície tem como um dos objetivos exatamente fugir do solo superficial, em que, normalmente, ocorrem entulhos, raízes, solos fracos etc. Não esquecer de considerar a viabilidade de uma troca de solo na hora de se aprofundar.

3. Vale lembrar que a Norma de fundações recomenda em seu item 7.7.1 dimensão mínima para sapatas de fundação de 60 cm, quer sejam sapatas isoladas, quer sejam sapatas corridas, porém é usual a utilização da dimensão mínima de 40 cm para edificações térreas com cargas de pequena magnitude.

4. A profundidade mínima recomendada não é determinada pela Norma (item 7.7.2) apenas para fundações de divisa.

Existe também a possibilidade de usar radier, utilizando-se o piso da casa como fundação, para o que temos as seguintes sugestões:

1. Retirar todo solo vegetal ou orgânico, que de um modo geral se estende por uns 30 a 40 cm;

2. Verificar o solo de assentamento (aliás, como é obrigatório para todo solo que servirá de assentamento de elementos de fundação);

3. Como a Norma pede cuidados especiais para influências sazonais de chuvas e intempéries (item 7.7.2), é necessário que esses radiers se estendam a pelo menos 60 cm além das faces externas das paredes externas.

Caso n.º 2 — Sobrado no local n.º 1

Sobrado estruturado (laje, vigas, pilares) em local, cujas características geotécnicas são muito boas. Solo resistente.

Nesse caso, por estarmos num local de solo muito bom, a primeira pergunta é: Porque estruturaram o sobrado? Estruturar, como já vimos, é usar lajes, vigas e pilares concentrando a descida de cargas pelos pilares. Se tivéssemos suprimido vigas e pilares as cargas das lajes se distribuiriam nas paredes e estas descarregariam diretamente na fundação. Veja no desenho a seguir.

---

[19] Para areias puras de "solos granulares", sapatas com dimensões menores que 2,00 m sofrem uma redução de carga conforme prescrição da norma NBR-6122.

Discutindo detalhadamente cada uma das vinte soluções de fundações   51

No caso do sobrado, temos que acrescentar à carga da casa térrea (2.000 kg/m), o peso da alvenaria do andar superior e o peso da laje superior, carregada.

Assim, teremos as cargas:

cargas provenientes de telhado, forro e alvenaria de um andar (casa térrea)	2.000 kg/m
carga de alvenaria adicional	625 kg/m
carga do piso portante adicional	2.500 kg/m
Total	5.125 kg/m

Adotado – 5,2 t/m

Como vamos apoiar nossa fundação no mesmo nível do solo da casa térrea, (caso n.º 1), a tensão admissível será a mesma, ou seja:

$$\sigma_{ad} = \frac{SPT}{5} = \frac{16}{5} = 3,2 \text{ kg/cm}^2$$

Calculemos a sapata para um metro de comprimento:

$$\sigma_{ad} = \frac{F}{s} \qquad F = \sigma_{ad} \cdot S$$

$$5.200 = 3,2 \cdot 100 \cdot L$$

$$L = \frac{5.200}{3,2 \cdot 100} = 16,2 \text{ cm.}$$

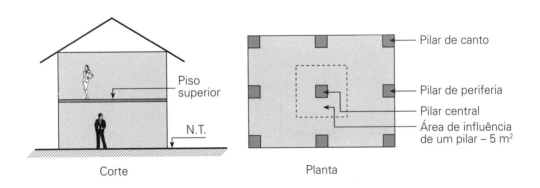

Corte   Planta

Não é razoável fazer sapata de 16 cm de largura, pois seria menor do que a própria espessura da parede.

Uma solução é adotar, como no caso n.º 1, sapatas isoladas unidas por viga-baldrame.

Em nosso caso, temos o agravante de que o sobrado é geminado e não podemos usar sapata sem invadir o terreno vizinho (solução ilegal).

Teremos que usar sapata excêntrica mas com viga-alavanca, como manda a norma NBR-6122/2010, item 5.7. Veja:

Lembremos que as cargas dos pilares-extremidades são de 10 t e 20 t. Assim, teremos:

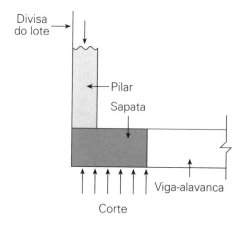
Corte

Como mostrado na descrição do sobrado (item 2.2, do Capítulo 2 deste livro), a distância dos pilares é da ordem de 5 m. Logo para a primeira fileira de pilares, temos:

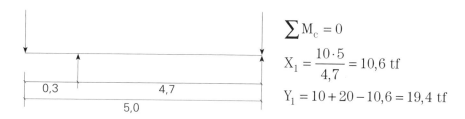

$$\sum M_c = 0$$

$$X_1 = \frac{10 \cdot 5}{4,7} = 10,6 \text{ tf}$$

$$Y_1 = 10 + 20 - 10,6 = 19,4 \text{ tf}$$

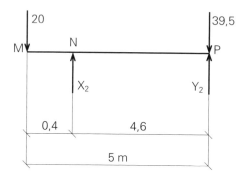

$$\sum M_p = 0$$

$$X_2 = \frac{20 \cdot 5}{4,6} = 21,7 \text{ tf}$$

$$Y_2 = 20 + 39,5 - 21,7 = 37,8 \text{ tf}$$

NOTA

As distâncias AB = 0,3 m e MN = 0,4 m correspondem a um pré-dimensionamento das sapatas excêntricas, quadradas, com lados de 0,6 m e 0,8 m.

Vemos que o uso da viga-alavanca constitui, em última instância, um artifício que nos permitiu transferir uma carga aplicada a um ponto situado no extremo do prédio, para seu interior.

O custo desse arranjo é que as novas cargas (X_1 e X_2) são maiores do que as cargas de 10 t e 20, pois:

$$X_1 = 10,6 \text{ t}$$
$$X_2 = 21,7 \text{ t}$$

Agora podemos calcular a área necessária para cada sapata. Veja:

Como sabemos, nesse terreno, o SPT na cota de fundação é 16 e então o σ_{ad} é:

$$\sigma_{ad} = \frac{F}{S}$$

$$\sigma_{ad} = \frac{SPT}{5} = \frac{16}{5} = 3,2 \text{ kg/cm}^2 = 32 \text{ tf/m}^2$$

Logo, as áreas das sapatas serão:

$$S = \frac{X_1}{3,2 \text{ t/m}^2} = \frac{10,6}{32} = 0,33 \text{ m}^2 \text{, sapata quadrada com 60 cm de lado.}$$

$$S = \frac{X_2}{3,2 \text{ t/m}^2} = \frac{21,7}{32} = 0,67 \text{ m}^2 \text{, sapata quadrada com 85 cm de lado.}$$

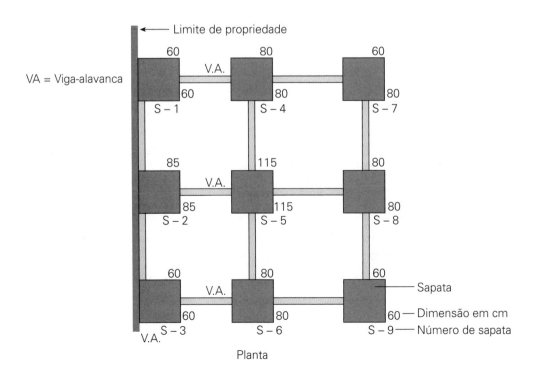

Planta

OBSERVAÇÃO

Teoricamente deveríamos adotar para as sapatas de divisa seção retangular cuja menor dimensão seja perpendicular à divisa, diminuindo, dessa forma, a distância da carga ao centro de gravidade da sapata. Isso reduzirá ainda o momento aplicado à alavanca.

Deve-se respeitar sempre a relação sapata: $\frac{b}{a} = 2,5$.

Observações:

1. As vigas-alavanca são alavancas, as demais constituem baldrames ou travamento;

2. As vigas-alavanca deverão receber as alvenarias de fechamento; suas cargas na fundação foram consideradas na avaliação da carga do primeiro piso.

O cálculo da altura e a escolha da ferragem da sapata e da viga-alavanca não são de responsabilidade do engenheiro de fundações, e sim do calculista da estrutura.

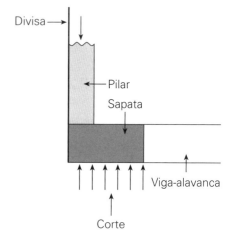

Corte

OBSERVAÇÃO

Até o momento, só tivemos casos de fundações superficiais ditas sapatas. Esse tipo de fundação não necessita de vigas de travamento, pois por ser de execução manual, não haverá a possibilidade de excentricidades com as cargas advindas dos pilares. Portanto, as vigas-alavanca só terão a função de transferir cargas, ou mesmo de suportar cargas de eventuais alvenarias existentes. Vigas de travamento serão obrigatórias quando abordarmos fundações por estacas, que, pelo fato de serem executadas com equipamentos nem sempre bem calibrados, podem deixar as estacas fora do alinhamento com as cargas dos pilares. Bem, veremos esse assunto com mais detalhes adiante quando abordarmos fundações em estacas.

Caso n.º 3 — Prédio no local n.º 1

Nosso prédio, neste caso n.º 3, tem um andar subterrâneo, e por isso a pressão d'água poderia preocupar. Acontece, entretanto, que a sondagem diz que o nível d'água é muito baixo e, portanto, não haverá a preocupante subpressão.

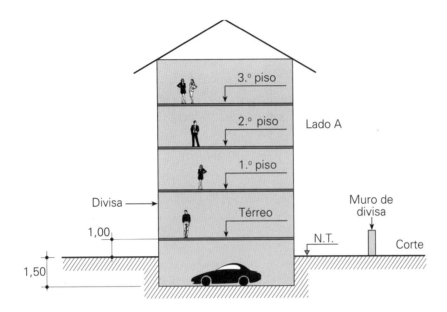

Não havendo subpressão, estaremos na situação 2 do prédio (sem laje de subpressão).

Utilizaremos laje de piso não solidária à estrutura.

O prédio é geminado de um lado (limite de propriedade). Como o terreno é muito bom e o nível d'água é baixo, a melhor solução para as fundações é em sapatas. Usaremos sapatas centradas para os pilares internos, pilares do lado A e sapatas excêntricas alavancadas para as sapatas de divisa.

Calculemos essas sapatas de divisa admitindo que um dos lados tenha 80 cm (0,8 m).

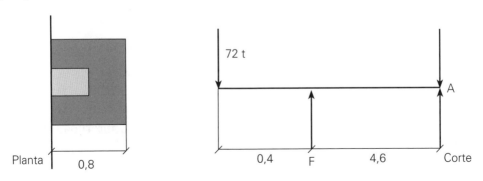

Ou seja, a sapata excêntrica será calculada como sapata centrada graças a uma viga-alavanca que "centralizará a carga". Assim:

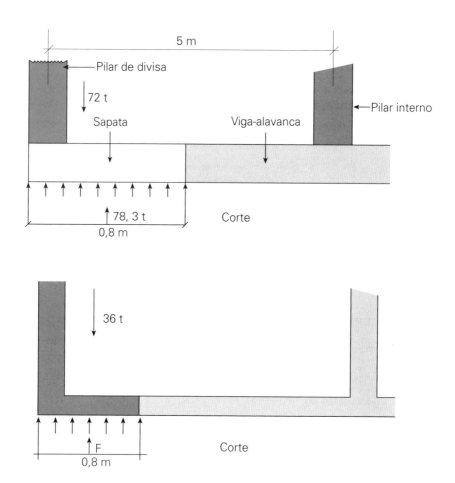

O item 5.7 da Norma 6122/2010 admite o uso de vigas-alavanca.

No caso da carga de 36t

Demais cargas (pilares internos)

$$36\,t$$
$$72\,t$$
$$142\,t$$
$$152\,t$$

Conhecidas as cargas dos pilares de divisa e dos pilares internos, poderemos calcular as sapatas.

Vejamos uma seção do prédio:

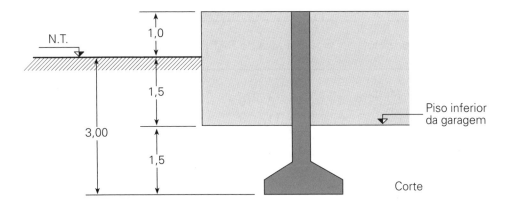

Analisamos o solo a uma profundidade de 3 m. O SPT é 21. A tensão admissível será:

$$\sigma_{ad} = \frac{SPT}{5} = \frac{21}{5} \cong 4 \text{ kg/cm}^2 = 40 \text{ tf/m}^2$$

Como teremos 1,5 m de solo que não necessitamos remover, as normas técnicas nos permitem acrescer o peso efetivo de solo sobrejacente à fundação.[20]

$$\sigma_{ad} = 4,0 + (0,17 \cdot 1,5) = 4,25 \text{ kg/cm}^2 = 42,5 \text{ t/m}^2$$

Logo, todas as sapatas do prédio serão calculadas com essa pressão admissível.

Exemplo de aplicação

Carga de 72 t

$$S = \frac{72 \text{ tf}}{42,5 \text{ tf/m}^2} = 1,69 \text{ m}^2 \text{ adotou-se sapata quadrada } 1,30 \cdot 1,30 \text{ m.}$$

Por esta, calculam-se todas as outras sapatas do prédio.

Observação:

A revisão da NBR-6122/2010 não mais indica tensões admissíveis para os diversos tipos de solo, como na revisão anterior de 1996. No quadro a seguir, reproduzimos a tabela da NBR de 1996 para argilas e areia, apenas a título ilustrativo e para

---

[20] É o que se chama de fundação confinada.

uma noção de valores tomados como de forma preliminar até para se ter um pré-dimensionamento (a NBR 6122/2010 deixou de apresentar esta tabela):

(1) Tipo de solo		(2) Faixa do SPT	(3) NBR-6122 Taxa (kg/cm²)	(4) SPT/5 (kg/cm²)
Argilas	Média Rija Dura	6 – 10 11 – 19 > 19	1 2 4	1 – 2 2 – 4 4
Areias	Medianamente compacta Compacta Muito compacta	9 – 18 19 – 40 > 40	2 4 6	2 – 3 4 4

1. Indicação preliminar para orientar anteprojetos com base na classificação geológica do solo.

2. Note que os valores expressos na coluna 3 são bastante próximos dos da coluna 4, o que confirma o acerto do critério expedito (simplificado) SPT/5.

3. Quando formos executar fundações, temos que verificar o que foi feito em eventuais prédios próximos.

4. O desenho a seguir mostra o ângulo recomendado, conforme o item 7.7.4 da norma NBR-6122/2010, para sapatas ou bases de tubulões próximos uns dos outros, de tal sorte que o bulbo de tensões de uma sapata não interfira na outra, (ver Ficha n.º 5).

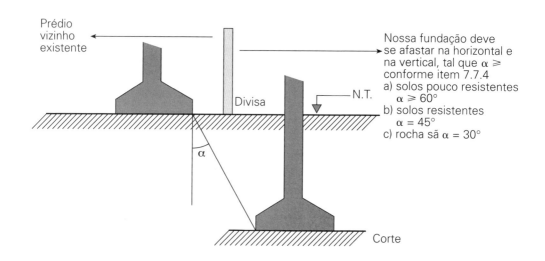

Essa prescrição da Norma, item 7.7.4, também deve-se ao fato de que, com este cuidado, não descalçaremos a fundação vizinha por não interferirmos no bulbo de pressões conforme mostrado na Ficha n.° 5.

Caso n.° 4 — Galpão industrial no local n.° 1

Nessa situação, temos duas combinações de cargas sobre as fundações a considerar:

1. Carga permanente mais vento e mais peso da fundação;
2. Carga permanente mais sobrecarga mais peso da fundação.

Notar:

1. Quando ocorre vento, supõe-se que não haja sobrecarga;
2. Os dados numéricos das cargas e momentos são de responsabilidade do fornecedor da estrutura metálica (diretamente ou via seu projetista);[21]
3. Usaremos fundação direta por sapatas, face ao bom terreno desse local.

Iniciamos o cálculo das fundações pela primeira hipótese de cargas, ou seja:

Hipótese 1 – Carga permanente mais vento mais peso da fundação

Segundo o fabricante da estrutura metálica, os esforços em cada pilar são:

$P_v = 1,9$ t (carga vertical)

$H_x = \pm 0,3$ t (esforço horizontal na direção X)

$H_y = \pm 0,1$ t (esforço horizontal na direção Y)

$M_x = \pm 1,4$ tm (momento fletor na direção X)

A essas cargas, temos que acrescer a carga P_1 que é o peso da fundação (sapata).

Utilizando-se a fórmula da resistência dos materiais, temos:

$$\sigma_{ad} = \frac{P_1 - P_v}{S} \pm \frac{M}{W}$$

em que M é o momento de esforço axial atuando numa superfície S, cujo módulo de resistência é W.

No nosso caso, P é o peso de uma sapata retangular de concreto armado.

---

[21] O especialista de fundações deve alertar isso ao cliente e verificar se a advertência está escrita em seu contrato de fornecimento. Transmissão de informações, só por escrito, atendendo o formalismo documental. Faça atas da reunião.

Teremos o seguinte esquema:

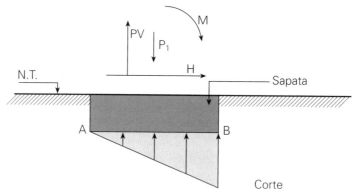

Corte

Peso da fundação

$$P1 = b \cdot h \cdot 1 \cdot 2,4 \text{ t/m}^3 \text{ [22]}$$

l = largura da sapata;

b = comprimento da sapata;

Eixo X na direção do comprimento da sapata.

Em B, teremos a máxima tensão de compressão.

A situação limite aceitável é que no ponto A não haja tensão. Se a situação passasse do limite, a sapata se deslocaria do terreno em A.

Imporemos então a condição de termos toda área comprimida sem deslocamento em A. Logo, no ponto crítico A, teremos tensão nula:

$$\sigma_{ad} = \frac{P_1 - P_v}{S} \pm \frac{M}{W} = 0$$

$$P_1 - P_v = bhL \cdot 2,4 - 1,9$$

$$S = b \cdot L$$

$$M = 1,4 \text{ t/m}$$

$$\frac{P_1 - P_v}{S} - \frac{M}{W} = 0 \qquad \frac{bh \cdot 2,4 - 1,9}{L \cdot b} - \frac{1,4}{\frac{Lb^2}{6}} = 0$$

Nesse caso, não estamos considerando o momento gerado pela força horizontal a ser transportada para a base da sapata, a saber, 0,3 × 1,00 = 0,3 tf/m. Não a consideramos, pois nesse caso estaremos supondo que a força horizontal está sendo combatida pelo empuxo horizontal imposto à sapata. Veja isso mais adiante, quando trataremos do equilíbrio do esforço horizontal.

---

[22] 2,4 t/m³ é o peso específico do concreto simples.

Discutindo detalhadamente cada uma das vinte soluções de fundações 61

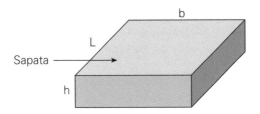

Impondo-se b = 3,0 m e h = 1,0 m, resulta como solução de equação: L = 0,65 m.

Já conhecendo a largura L = 0,65 m da sapata, e tendo sido calculada para a condição-limite de não termos deslocamento da relação sapata × solo (ponto A), temos agora que estudar a segunda situação limite, que é um eventual excesso de tensão de compressão no ponto B. No ponto B, a tensão de compressão vale:

$$\sigma_{ad} = \frac{P_1 - P_v}{bL} \pm \frac{M}{W} = \frac{b \cdot h \cdot L \cdot 2{,}4 - 1{,}9}{b \cdot L} + \frac{1{,}4}{\frac{b \cdot L}{6}}$$

Substituindo:

$$\sigma_{ad} = \frac{3{,}0 \times 1{,}0 \times 0{,}65 \times 2{,}4 - 1{,}9}{3{,}0 \times 0{,}65} +/- \frac{1{,}4}{0{,}65 \times 3^2} = 2{,}8 \text{ tf/m}^2 = \begin{matrix} 0{,}28 \text{ kg/cm}^2 \\ 0{,}00 \text{ kg/cm}^2 \end{matrix}$$

$\sigma_B = 2{,}80$ t/m^2 = +0,28 kg/cm^2.

$\sigma_A = 0{,}00$ t/m^2 = 0,00 kg/cm^2.

Logo, a tensão B vale 2,8 t/m². Se compararmos essa tensão com a tensão admissível do solo nessa profundidade; e que é calculada como já visto:

$$\sigma_{ad} = \frac{SPT}{5} = \frac{16}{5} = 3{,}2 \text{ kg/cm}^2 = 32 \text{ t/m}^2.$$

Vemos que, na segunda condição (limite de compressão em B), estamos muito folgados, pois o trabalho = 2,8 t/m² << σ_{ad} = 32 t/m².

Vemos pelo exposto que mesmo quando age o vento:

- não há deslocamento em A;
- não há excesso de compressão em B.

Pelo item 6.3.1 da norma NBR-6122/2010, poderíamos majorar σ_{ad} em 30% por se tratar de ação do vento (esforço de curta duração). Poderíamos ir a 3,2 × 1,3 = 4,16 kg/cm².

O item 7.6.2 admite cargas excêntricas na fundação desde que se considere o solo como um material não resistente a tração.

Vamos, então, explorar (no bom sentido) essa abertura da norma e fazer com que a força se desloque do centro da sapata, mas fique nos limites do núcleo central de inércia e vejamos as consequências nos pontos A e B.

Veja a seção da sapata:

$M = 1,4$ tm

$P = P_1 - P_v$ = peso da sapata $- P_v$

$\quad = b \cdot h \cdot L \cdot 2,4 - 1,9$

$\quad = 3 \cdot 1,0 \cdot 0,65 \cdot 2,4 - 1,9b = P = 2,78$ t

$e_1 = \dfrac{M}{P_v} = \dfrac{1,4}{2,78} \cong 0,5$ m.

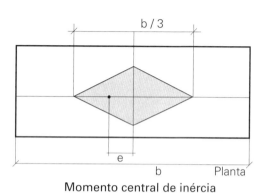

Momento central de inércia

Extensão do núcleo central de inércia $= \dfrac{b}{3} = \dfrac{3}{3} = 1,0$ m. Para cada lado, a extensão do núcleo vale 0,5 m, que é o mesmo valor da excentricidade e_1.

Conclusão: A força que gera o momento fletor tem uma excentricidade de 0,5 m (e_1) e isso é exatamente a meia extensão do núcleo central. Logo, a força está no limite do núcleo central. (fato que gera tensão nula no Ponto A). Quando a excentricidade cai dentro do núcleo central de inércia (da resistência dos materiais ver o livro de MHC Botelho, "Resistência dos materiais"), significa que não teremos esforços de tração da seção analisada, conforme visto acima.

Vamos, agora, tentar diminuir o consumo de concreto e façamos a medida b igual a 2,50 m, em vez de 3,0. Nesse caso, teremos:

$$\sigma_{ad} = \dfrac{(2,5 \times 0,65 \times 1 \times 2,4) - 1,9}{2,5 \times 0,65} \pm \dfrac{1,4}{\dfrac{0,65 \times 2,5^2}{6}}$$

$$\sigma = 1,23 \pm 2,06 \begin{cases} \sigma_A = (-)0,083 \text{ kg/cm}^2 = (-)0,83 \text{ t/m}^2 \\ \sigma_B = 0,32 \text{ kg/cm}^2 = 3,32 \text{ t/m}^2 \end{cases}$$

A tensão negativa em A indica descolamento. Verifiquemos se haverá ou não tombamento. No caso da base totalmente comprimida, não há possibilidade de tombamento.

Outra verificação a ser feita nesse caso é:

$$F = (2,5 \times 0,65 \times 1 \times 2,4) - 1,9 = 2,00$$

peso próprio da sapata menos o esforço de tração

$$CS \geq \frac{F \times \left(\frac{2,5}{2}\right)}{M}$$

Sendo CS ≥ 1,5 (CS = coeficiente de segurança)

$$CS \geq \frac{2 \times 1,25}{(1,4)} = 1,78$$

portanto, condição obedecida.

O valor de 0,3 origina-se do transporte da força horizontal 0,3 tf para a base da sapata de 1,00 m de altura = 0,3 × 1,00 = 0,3 tf/m (não considerado, conforme já explicado anteriormente).

No item 7.6.2 (cargas excêntricas) da NBR-6122/2010, considera-se que a área comprimida seja de no mínimo 2/3 da área total da sapata.

Portanto, vamos verificar também (do esquema abaixo):

$$0{,}329 \times (2{,}5 - x1) = 0{,}083 \times X_1 \quad \text{pois} \quad X_1 + X_2 = 2{,}5$$

X_1 = área tracionada

X_2 = área comprimida

Portanto,

$$0{,}83 = X_1 \times 0{,}412$$

$X_1 = 2{,}00$ (área comprimida)

$$2/3 \times 2{,}5 = 1{,}66$$

Como 2,00 > 1,66, temos a condição satisfeita de tombamento também.

Consideremos e_1 e e_2 as excentricidades nas duas direções. Em nosso caso, só temos excentricidade em direção (longitudinal), pois só temos momento na direção x.

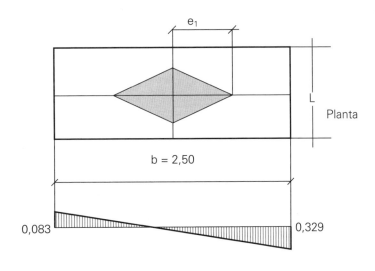

De qualquer forma, a efetiva tensão de compressão no terreno deverá se concentrar na área comprimida, então vamos nos valer do seguinte artifício:

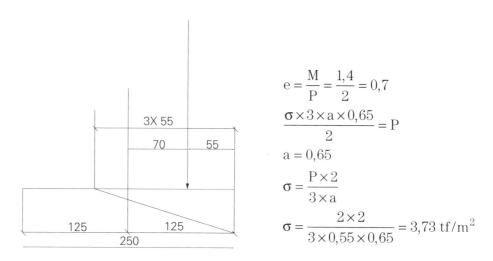

$$e = \frac{M}{P} = \frac{1,4}{2} = 0,7$$

$$\frac{\sigma \times 3 \times a \times 0,65}{2} = P$$

$$a = 0,65$$

$$\sigma = \frac{P \times 2}{3 \times a}$$

$$\sigma = \frac{2 \times 2}{3 \times 0,55 \times 0,65} = 3,73 \text{ tf/m}^2$$

Vamos verificar os esforços horizontais. Teoricamente, teríamos que considerar o momento gerado por esse esforço, ou seja:

$M_h = f_h \times h$

$H = 1,0$ m

$M_h = 0,3 \times 1 = 0,3$ tm

$M_{hy} = 0,1 \times 1 = 0,1$ tm

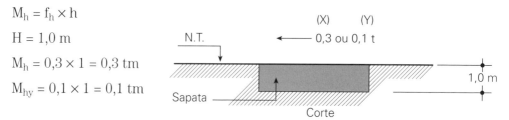

Nessa condição, adicionamos o momento fletor causado pela força horizontal ao momento fletor principal (dado pelo fabricante). Porém, nesse caso faremos a hipótese desses esforços serem absorvidos pelo confinamento da sapata no terreno, resistindo aos esforços horizontais e aos momentos fletores que estas causam.

Para a prevalência do exposto, é necessário que a sapata seja concretada sem formas, sem folgas, confinada no terreno. Caso isso seja inviável, as folgas devem ser preenchidas com solocimento[23] ou concreto magro. Resta verificar a tensão de confinamento horizontal que a força horizontal transmite ao terreno.

Deve-se fazer, nesse caso, a seguinte verificação:

$$\sigma = \frac{F}{S} = \frac{300}{L \cdot h} = \frac{300}{65 \cdot 100} = 0,046 \text{ kg/cm}^2$$

o que se trata de uma tensão desprezível. Se esse valor for muito alto (normalmente é muito baixa), o correto é fazer a consideração do momento gerado na base da

---

[23] Solocimento: mistura de muito solo e pouco cimento (7% de cimento/m^3 de solo).

fundação. Resumo do que foi visto até aqui: já vimos a condição de carga permanente mais vento. Vejamos agora a condição de carga permanente mais sobrecarga, na qual atuará somente a carga de 2,5 t em cada pilar do galpão.

Hipótese 2 — Carga permanente mais sobrecarga mais peso da fundação

Dos dados do fornecedor do galpão e do peso da fundação, resulta:

$$\sigma = \frac{\text{Carga do pilar + peso do bloco}}{\text{área do bloco}} = \frac{2,5 + b \cdot h \cdot L \cdot 2,4}{b \cdot L} \,^{24}$$

em que b = 2,5 m L = 0,65 m

σ = 0,39 kg/cm^2 = 3,9 t/m^2, que é inferior à tensão admissível do terreno e que vale 32 t/m^2. Logo, não há problemas nessa hipótese.

Caso n.º 5 — Casa térrea no local n.º 2

Nesse caso, temos um terreno superficial de características ruins (aterro,[25] sobre uma argila mole). Para fundações de uma casa térrea, podemos adotar sapata corrida sobre a argila mole, removendo-se a camada de aterro (camada superficial).

Temos:

Carga de 2.000 kg/m de fundação (2 t/m)

Adotando-se:

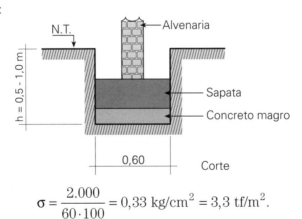

$$\sigma = \frac{2.000}{60 \cdot 100} = 0,33 \text{ kg/cm}^2 = 3,3 \text{ tf/m}^2.$$

A fundação está transmitindo ao solo uma carga de 3,3 t/m^2.

---

[24] 2,4 t/m^3 é o peso específico do concreto simples; 2,5 t/m^3, do concreto armado. No caso acima, utilizamos 2,4 tf/m^3 por se tratar de sapata que possui uma taxa de ação muito baixa.

[25] Chama-se aterro a colocação pelo homem de solo com a finalidade de nivelar o terreno, por exemplo, eliminando depressões inconvenientes. Como ênfase didática, dizemos: antes de Adão e Eva, em nenhum lugar do mundo havia aterros.

O solo deve resistir (se puder) a essa carga, que é baixíssima.

Um solo que não resiste à carga de 3,3 t/m² nem está classificado como solo resistente em tabela, pois essas taxas são baixíssimas. Um solo com SPT = 3 já resistiria ao peso superbaixo que uma pessoa transmite ao solo.

Porém, nesse caso, por estarmos num solo de argila porosa, não se aconselha o uso de fundação direta, nem com taxas baixíssimas. Não devendo usar fundações diretas, temos que usar fundações profundas.[26] Adotaremos brocas de Ø 20 cm a cada 2,5 m, ligadas por uma viga de distribuição.

Cálculo de carga na broca:

$$F = 2 \text{ t/m} \times 2{,}5 \text{ m} = 5 \text{ toneladas}$$

Pela fórmula de Decourt-Quaresma (Ficha n.º 9).

$$F = \frac{\frac{(SPT^* + 1)}{3}}{1{,}3} \times L \times P + \frac{(SPT^{**} \times K)}{4} \times A$$

* média do SPT ao longo do comprimento da estaca.

** média do valor do SPT abaixo da ponta da estaca e dois valores acima da ponta da estaca.

L = comprimento efetivo da estaca (m)

P = perímetro da estaca (m)

A = área da ponta da estaca (m²)

Sendo K igual: (para estacas pré-moldadas cravadas ditas de deslocamento, pois estão deslocando o terreno ao serem perfuradas)

Argilas	12
Siltes Argilosos	20
Siltes arenosos	25
Areias	40

Sendo K igual: (para estacas perfuradas ditas de não deslocamento, pois não estão deslocando o terreno ao serem perfuradas)

Argilas	0
Siltes Argilosos	12
Siltes arenosos	14
Areias	20

Como já visto na Ficha n.º 13, o primeiro termo da fórmula em razão do atrito lateral da estaca e o segundo, da ponta da estaca. Portanto, temos:

$$F = \left\{ \frac{\left[\frac{(3+4+5+3+5)}{5} + 1\right] \times L \times A}{1{,}3} \right\} + \frac{\left(\left(\frac{5+5+3}{2}\right) \times 10 \times P\right)}{4} = 5{,}63 + 0{,}34 = 5{,}37 \text{ tf}$$

---

[26] Ver descrição do local n.º 2.

Discutindo detalhadamente cada uma das vinte soluções de fundações

OBSERVAÇÃO

O comprimento previsto será em torno de 6 metros, ou seja, estaca trabalhando praticamente por atrito lateral, o que é muito bom, pois, como veremos na Ficha n.º 10, os recalques serão praticamente desprezíveis (ver sondagens no local n.º 2).

Brocas de Ø 25 possuem maior capacidade de carga, porém devem ser evitadas pois requerem muito esforço braçal em sua execução. No entanto, temos hoje vários equipamentos mecanizados que executam muito bem estacas escavadas/brocas com comprimentos de até cerca de 20 metros e indo a valores de SPT de 20 golpes.

Notemos que a condição ideal de brocas é: o fuste na argila e a ponta na areia.[27] A resistência de ponta na areia para estacas é cerca de 3 vezes maior que a resistência na argila, como se pode notar pela fórmula Decourt-Quaresma, ficha 13.

Caso n.º 6 — Sobrado no local n.º 2

Estamos, como se sabe, num local ruim (argila porosa). Tão ruim é o solo que, no caso de casa térrea (Caso n.º 5), a solução foi usar brocas. No caso do sobrado, no qual as cargas são maiores, poderíamos usar:

a) brocas;

b) superbrocas, ou seja, as estacas Strauss, estacas escavadas mais compridas e de maior diâmetro;

c) estacas pré-moldadas de concreto armado;

d) estacas de hélices contínuas.

Vejamos as razões que nos levam a optar pela estaca Strauss:

- o preço por metro da estaca Strauss costuma ser menor que o da estaca de concreto armado;

- a estaca Strauss não tem perdas, pois não há sobras a quebrar (arrasar);

- o custo de mobilização do equipamento da estaca Strauss é menor que o custo de mobilização do bate-estaca da estaca de concreto armado.

A estaca Strauss no nosso caso n.º 6, terá comprimento de 7 a 8 m, penetrando de um a dois metros na camada de areia.

Usaremos uma ou duas estacas Strauss por pilar, usando um bloco de ligação entre o pilar e as estacas.

Por estarmos diante de um sobrado geminado, no qual descem cargas pelo muro de divisa, surge nos pilares de divisa o problema da excentricidade com relação à estaca.

---

[27] Ver Ficha n.º 2 – item 2.3 – Assunto "Néctar dos Deuses".

Logo, teremos que usar:

- uma estaca no pilar de divisa fora da vertical do C. G. (Centro de Gravidade) do pilar;
- viga-alavanca.

Veja o desenho ao lado:

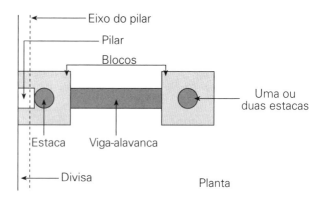

A distância recomendada para estacas Strauss ou mesmo para estacas pré-moldadas da divisa é da ordem de um diâmetro da estaca a ser utilizada, mas, no mínimo, é bom guardar a distância de 30 cm. Lembrar que, em cantos de 90°, deve-se guardar a distância de pelo menos 1,20 m de uma das divisas para alocar o bate-estacas.

Veja como ficou:

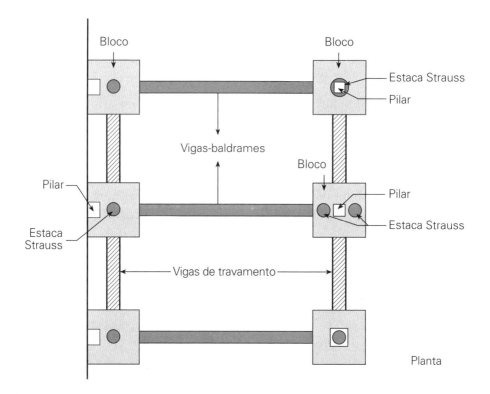

Discutindo detalhadamente cada uma das vinte soluções de fundações 69

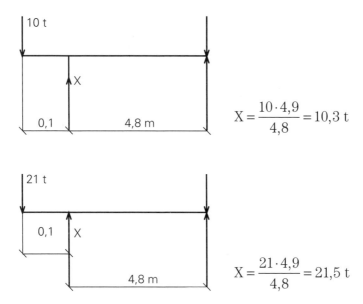

As estacas devem ter capacidade de carga o mais próxima possível da carga do pilar (não exceder muito), pois isso gera condições favoráveis a recalques diferenciais (ex.: recalques são aceitos com reservas, porém, se num dos pilares tivermos recalques muito maiores[28] que nos demais, provavelmente surgirão trincas nas alvenarias). Um número aceito para recalques diferencias, que não geram trincas nas alvenarias, é da ordem de L/300, sendo L a distância entre os pilares.

A altura do bloco e suas dimensões externas (face de bloco ao eixo da estaca) devem ser confirmadas pelo projetista da estrutura.

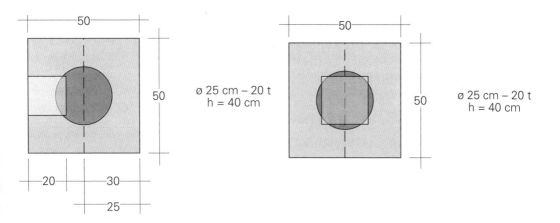

---

[28] Num estaqueamento, acontecendo num local recalques muito menores que nos outros, isso também pode ser uma desgraça, pois o que preocupa sempre é a diferença de recalques

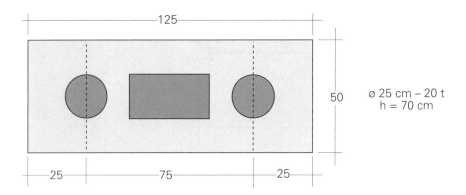

Verificação da carga de trabalho por correlações com SPT

Deveremos ter um comprimento de estacas Strauss que atravesse camadas cujo somatório do SPT seja maior ou igual a 70. Após observar o perfil da sondagem do local n.º 2, vemos que o comprimento de estaca deve ser de 8 a 9 m, o que resulta na seguinte somatória de SPT = 3 + 4 + 5 + 3 + 5 + 5 + 20 = 45 – 45/7 = 6,43.

Enfatizamos aqui que a estaca Strauss não deve ser utilizada em terrenos arenosos em presença d'água (fechamento do furo durante a concretagem podem seccionar a estaca). Nesse caso, em parte é possível, pois temos solos sem água (devemos parar 1,00 m acima do nível d'água para não corrermos riscos de desbarrancamento).

Utilizando a fórmula Decourt-Quarema, temos:

$$F = \frac{\left(\frac{6,43}{3}+1\right) \times 7 \times D \times \pi}{1,3} + \frac{20 \times 34^* \times \left(D^2/4\right) \times \pi}{4} = 13,29 + 8,34 = 21,63 \text{ tf}$$

Sendo:

6,4 = a media dos SPT dos 8 primeiros metros, o primeiro metro se despreza, pois é ocupado pelo bloco de fundação;

7,0 = comprimento útil da estaca;

D = diâmetro da estaca = 0,25 m;

12 = coeficiente de carga para terrenos argilosos e estacas escavadas;

34 = n.º do SPT da ponta da estaca.

* Deveríamos utilizar a média de 34,20 e 5 golpes, mas neste caso como 34 é prioritário, adotamos 34.

Pelo item n.º 8.2.1.2[29] da NBR-6122/2010, temos que verificar a seguinte relação:

$$F_{adm} < 1,25 \text{ ou } F_{adm} < F\ F_{rup} \text{ de atrito}$$

---

[29] Essa consideração vale somente para estacas escavadas, pois a confirmação na ponta não é das melhores.

$$F_{adm} \le 1{,}25 \times \left(\frac{6{,}43}{3}+1\right) \times 7 \times D \times \pi = 1{,}25 \times 17{,}29 = 21{,}59 \text{ tf}$$

como 21,63 < 21,59, tomamos F_{adm} = 21,63 tf.

Para as cargas de 21,50 tf, teremos que utilizar duas estacas escavadas de Ø 25 cm para 18,20 tf, até para contemplar o item n.º 8.2.1.2 pois, nesse caso, teremos:

$$F_{adm} = 1{,}25 \times \left(\frac{(6{,}4+1)}{3} \times 7 \times D \times \pi\right) = 12{,}33 > \frac{21{,}50}{2} \text{ tf}$$

Caso n.º 7 — Prédio no local n.º 2

Tomaremos as cargas que não consideram a laje de subpressão, pois não temos nível d'água. Calcularemos primeiro as novas cargas das fundações de divisa, mas antes faremos uma análise do tipo de fundação a utilizar, a fim de calcularmos com maior exatidão os blocos e as alavancas da divisa.

Utilizaremos estacas pré-moldadas de concreto armado[30] pelos motivos abaixo:

- adequação às cargas dos pilares e uniformidade de comprimento de cravação (resultando pouca sobra);

- para cargas mais altas, seus preços são bastante semelhantes aos das estacas Strauss, o que resulta, portanto, em uma escolha econômica;

- é tecnicamente mais aconselhável, para cargas mais altas, por serem estacas mais confiáveis que as Strauss, nas quais podemos contar mais com a ponta, pois em estacas pré-moldadas não precisamos considerar a restrição imposta às estacas escavadas com relação à limitação do uso da ponta, pois estas, além de terem o concreto mais confiável, por serem pré-moldadas, comprimem o terreno da ponta por força da cravação.

Agora, faremos a escolha de qual estaca (carga adotada) escolheremos. Destacamos aqui alguns princípios:

- utilizar poucos tipos de estacas, variando a quantidade delas nos blocos;

- utilizar o máximo possível a capacidade de carga da estaca (por exemplo: pilar 110 t com 3 estacas de 50 toneladas – errado).[31]

---

[30] As estacas de concreto armado são peças pré-moldadas com seção quadrada, circular ou outros formatos. Hoje se produzem industrialmente estacas pré-moldadas com os mais diversos formatos que a mente humana pode imaginar, com vários comprimentos e com dispositivo de prolongamento de comprimento. Seria possível utilizar estacas de hélices contínuas, mas, como temos que privilegiar a ponta como elemento resistente das estacas, esse tipo de estaca não será conveniente, como dito no item 13.4 da Ficha 13.

[31] Os motivos econômicos são óbvios. Há razões técnicas também. Se superdimensionamos uma estaca, podem ocorrer recalques diferenciais, com consequências terríveis.

Vejamos as cargas dos pilares:

- 152 t
- 142 t
- 72 t
- 36 t

Podemos utilizar três estacas de 50 t para pilares de 152 t e 142 t e duas estacas de 40 t para pilar de 72 t e uma estaca de 40 para o pilar de 36 t. Veremos, no dimensionamento dos blocos, que seu peso não será maior que 5% da carga do pilar, ficando, portanto, as cargas resultantes aquém das cargas admissíveis das estacas no caso do pilar de 152 t.

Verifiquemos o comprimento provável dessas estacas. Essas estacas trabalharão predominantemente por ponta, pois deverão penetrar cerca de 1 a 2 m na areia e parar próximo do nível d'água, portanto com comprimentos de 7 a 8 m.

Utilizaremos dois critérios para o cálculo do comprimento das estacas:

1 – Somatória dos SPT. Deve ser maior ou igual a 70 a 80.

Olhando as sondagens, vemos que isso ocorre a 8 metros (ver caso n.º 16).

2 – Cálculo pela fórmula de Decourt-Quaresma.

Essa fórmula de autoria dos colegas brasileiros Luciano Decourt e Arthur R. Quaresma estipula que a capacidade de carga de uma estaca pré-moldada, estaca Strauss (hoje em dia a fórmula já foi extrapolada para todos os tipos de estacas, ver no livro "Teoria e prática de fundações", da Editora Pini), é dada pela fórmula:

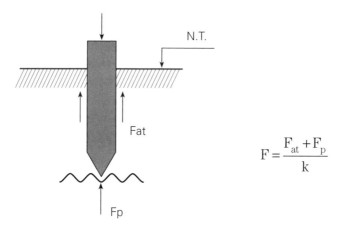

$$F = \frac{F_{at} + F_p}{k}$$

em que:

    F = capacidade de carga da estaca;

    F_{at} = resistência de atrito;

    F_p = resistência de ponta;

    k = 1,3 (coeficiente de segurança para a estaca trabalhando com o atrito lateral e 4 para a estaca de ponta).

Vejamos como calcular F_{at} (força de atrito)

$F_{at} = A_1 \times L \times ((\text{média dos SPT}/3) + 1)$

A_1 = área lateral

Tabela 1

SPT (médio ao longo do fuste)	Adesão C_0 (t/m^2)	(kg/cm^2)
3	1,53	15,3
6	3,00	30,0
9	4,00	40,0
12	5,00	50,0
15	6,00	60,0

Valores aproximados da fórmula de atrito lateral de Decourt-Quaresma.

Vejamos como calcular F_p (força de ponta):

$F_p = A_p \times C_1 \times SPT$
A_p = área de ponta
C_1 = coeficiente, ver tabela 2
SPT = média do SPT na ponta, 1 m acima e 1 m abaixo

Tabela 2

Solo	C_1 – Coeficiente de resistência de ponta (t/m^2)	(kg/cm^2)
Argilas	12	1,2
Siltes argilosos	20	2,0
Siltes arenosos	25	2,5
Areias	40	4,0

Não consideraremos a contribuição do trecho em argila porosa. Na prática, a contribuição desse trecho existe e fica a favor da segurança.

$$F_{at} = 0{,}35 \times \pi \times \left(\frac{20}{30}+1\right) \times 1{,}00 \times 1 = 7.66 = 7{,}66 \text{ tf}$$

$$F_p = \frac{0{,}35^2 \times \pi}{4} \times 40 \times 34 = 130.840 = 130{,}84 \text{ tf}$$

$$F = \frac{7{,}66}{1{,}3} + \frac{130{,}84}{4} = 40{,}37 \text{ tf}$$

Ou a verificação pela NBR-6122/2010

$$F = \frac{F_{at}+F_p}{2} \qquad F = \frac{7{,}66+130{,}84}{2} = 69{,}25 \text{ tf}$$

Portanto, OK:

$$69{,}25 > 40{,}37 \text{ tf .: OK}$$

Portanto adotar o valor $F_{adm} = 40{,}37$ tf.

Projeto dos blocos

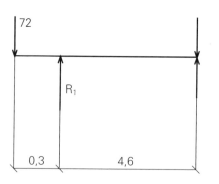

$$R_1 = \frac{72 \cdot 4{,}9}{4{,}6} = 76{,}70 \text{ t}$$

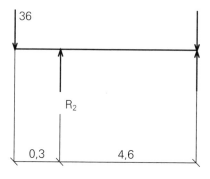

$$R_2 = \frac{36 \cdot 4{,}9}{4{,}6} = 38{,}35 \text{ t}$$

OBSERVAÇÃO

A folga do eixo da estaca à divisa poderia ser menor (30 cm), porém adotamos 40 cm por pequenas distorções na parede de divisa.

Vimos o cálculo do comprimento da estaca pelos critérios de:

- resistência das camadas,
- fórmula de Decourt-Quaresma.

Esses critérios são os chamados "critérios estáticos". Há o chamado "critério dinâmico", ou seja, que utiliza informações obtidas na cravação. Utiliza o conceito de "nega", *que é a medida em mm da penetração da estaca no terreno, após dez pancadas sucessivas do martelo*. Quando isso ocorre, para-se a cravação e calcula-se a capacidade da carga de estaca. Na fase de projeto, calcula-se a capacidade de carga e da qual resulta a nega desejada. Uma das muitas fórmulas dinâmicas é a chamada "fórmula dos holandeses".

$$E = \frac{A^2 \cdot h}{R(A+P)}$$

em que:

R = capacidade da estaca (t) × 10 → usaremos estaca de 40 t
A = peso do pilão (t)
h = altura de queda (m)
P = peso de estaca (t)
E = penetração da estaca por pancada (nega)

Como mostrado, multiplica-se, para entrar na fórmula, a capacidade da estaca por dez. O peso da estaca (Ø 0,3 m) de comprimento 8 m é:

$$P = \frac{\pi d^2}{4} \times L \times 2.400 \text{ kg/m}^3 = \frac{\pi \times 0,3^2}{4} \times 8 \text{ m} \times 2.400 = P = 1,35 \text{ tf}$$

A = (peso do pilão) = 1,35 tf
h = (altura de queda) de 1,0 m

$$E = \frac{A^2 \times h}{r(A+P)} = \frac{1,35^2 \times 1,0}{40 \times 10(1,35+1,35)} = 0,00168 \text{ m}$$

E = 1,68 mm/pancada e, portanto, a nega é 16,8 mm.

NOTAS

1. Não existe a necessidade de ocorrer condições de nega em todos os estaqueamentos. Há fundações por estacas em que se prevê que não ocorrerá nega, são as chamadas estacas flutuantes.

2. Nesse caso n.º 7, estudamos a utilização de estacas. Não é fora de cogitação o uso de tubulões a céu aberto.

3. Relembrem: nega é a medida em mm da penetração da estaca no terreno, após dez pancadas sucessivas do martelo de uma altura pré-definida, normalmente entre 30 e 50 cm.

Na verdade, só é possível um cotejo de solução entre tubulão e estacas pré-moldadas de concreto armado depois de receber propostas de firmas especializadas em fornecimento e cravação de estacas e analisar o custo de execução de tubulões. Do confronto dos dois custos, escolhe-se a melhor solução.

É sempre bom lembrar que para executar tubulões a céu aberto há a necessidade de executar o fuste com diâmetro de 70 cm para permitir a passagem de um operário, pois não há possibilidade de execução das bases de outra forma se não a manual.

Caso n.º 8 — Galpão industrial no local n.º 2

O local n.º 2 não permite fundações rasas pelas suas péssimas condições geotécnicas. Pelo que já sabemos, usaremos fundações profundas.

No caso do galpão, diante de baixas cargas, optamos pelo uso de brocas de 5 t.

Recordemos os esforços indicados pelo fornecedor de estruturas:

$P_V = 1,9$ t

$H_x = \pm 0,3$ t

$H_y = \pm 0,1$ t

$M_x = \pm 1,4$ tm

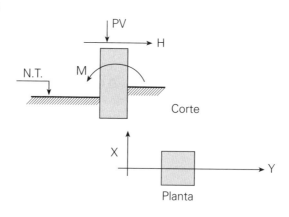

Condição de ocorrência de vento

Vamos estudar o que acontece na fundação quando ocorre vento.

Vamos estudar a solução usando blocos de duas estacas (brocas), cada uma com 5 t de capacidade.

Utilizando um par de estacas, temos:[32]

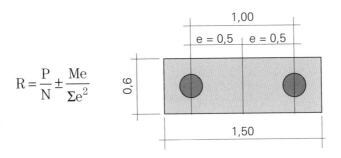

$$R = \frac{P}{N} \pm \frac{Me}{\Sigma e^2}$$

P = carga na fundação (carga do pilar + bloco)

N = número de estacas

e = distância da estaca ao CG do bloco

R = carga da estaca

M = momento fletor aplicado à fundação

e = Ø das brocas

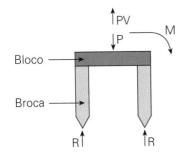

Peso do bloco = $1,5 \cdot 6 \cdot 1,0 \cdot T = 1,5 \cdot 6 \cdot 1,0 \cdot 2,4 = 2,16$ t

$$R = \frac{2,16 - 1,9}{2} \pm \frac{1,4 \times 0,5}{2(0,5)^2}$$

$$R = 0,13 \pm 1,4 \begin{cases} +1,53 \text{ tf (compressão)} \\ -1,27 \text{ tf (tração)} \end{cases}$$

Verificamos pelos cálculos que a carga de compressão é de 1,53 t, muito menor que a capacidade da broca, que é de 5 tf. O que preocupa é que está havendo arrancamento (tração) na broca e isso equivale a quase 25% da capacidade da broca. Isso é inaceitável!!! No máximo aceitaríamos 10%.

---

[32] Fórmula da Resistência dos Materiais.

OBSERVAÇÃO

Uma tração nas estacas de até 10% do valor da carga de trabalho é admissível, porém, nesse caso, como as brocas estão trabalhando predominantemente por ponta, é mais seguro eliminar qualquer tração nas estacas.[*]

Vamos então aumentar o bloco para quatro estacas (brocas).

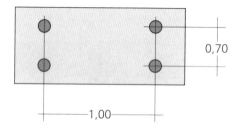

$H = 1,2 -$ (altura do bloco)

$P_{\text{peso próprio do bloco}} = 1,5 \times 1,1 \times 1,2 \times 2,4 = 4,75$

$$R = \frac{4,75 - 1,9}{4} \pm \frac{1,4 \times 0,5}{4 \times 0,25}$$

$R = 0,7 \pm 0,7 \begin{cases} 1,40 \text{ t ótimo. A broca de 5 tf suporta} \\ 0,0 \text{ t não há tração} \end{cases}$

Tudo bem, as duas condições foram atendidas.

Condição de não ocorrência de vento (só carga permanente mais acidental)

$$R = \frac{P}{N} \pm \frac{M \cdot e}{\Sigma e^2}$$

Não há momento fletor (não há vento).

Então:

$$R = \frac{P}{N} = \frac{2,5 + 4,75}{4}$$

$R = 1,8$ t

$P = P_v = P_{\text{bloco}} = 2,5 \text{ t} + 4,75$

Como a nossa estaca tem capacidade de 5 t, então passa!!!

---

[*] Esta consideração é para estaca pré-moldada que possui armação muito pequena, para estacas escavadas que possibilitem uma armação maior é possível ter esforços de tração nas estacas vencidas por atrito e armadas.

Discutindo detalhadamente cada uma das vinte soluções de fundações

Quadro resumo

	Cargas nas brocas
Com vento (age momento fletor)	Compressão na broca 1,4 t Tração na broca 0,0 t
Sem vento (não age momento fletor)	Compressão na broca 1,8 t

Caso n.º 9 — Casa térrea no local n.º 3

Nesse caso, adotaremos, como no caso n.º 1, a solução sapata corrida.

Apenas aqui teremos que considerar o fato de o solo superficial ser muito fraco.

Para tanto, vejamos:

$$P = 2.000 \text{ kg/m (carga distribuída)}$$

O σ_{solo} = 0,33 kg/cm² é a taxa de solo que admite o peso normal de pessoas sem afundamento.

Essa taxa de 0,33 kg/cm² é compatível com o SPT de 2 a 3 e na profundidade de 1 metro. O SPT é desse valor.

Logo confirma-se que podemos usar nesse local sapatas corridas[33] como fundação da casa térrea.

Veja-se a evolução de construção da sapata

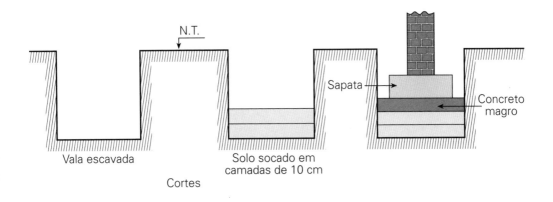

---

[33] Também chamado de alicerce.

Caso n.º 10 — Sobrado no local n.º 3

Nesse caso, como no caso n.º 6, utilizaremos estacas Strauss pelos motivos a seguir:

- nessa condição, é a solução mais econômica (inexistência de água e cargas baixas).
- tecnicamente é bastante recomendável pela ausência do nível d'água e por se tratar de argila (o furo da estaca não tende a desbarrancar, seccionando a estaca).

Porém, como esse terreno aumenta sua resistência com a profundidade, de maneira progressiva porém bastante lenta, a partir de 6 m, para não termos estacas muito longas, limitaremos a carga de trabalho da estaca Strauss a 15 t, evitando riscos de:

- desaprumos exagerados;
- má qualidade da concretagem, face do lançamento do concreto com grande altura.

Lembramos que, pelo fato de o terreno ser argiloso, possivelmente não precisaremos revestir o furo contra desbarrancamentos, o que barateia a solução.

O esquema de estaca Strauss será:

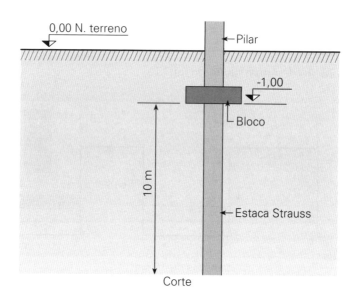

Corte

Utilizaremos estacas Strauss de 15 t e com diâmetro de 25 cm.

Estabelecemos o comprimento da estaca em dez metros, alcançando a profundidade de 11 m. Verifiquemos se esse comprimento é adequado.

Discutindo detalhadamente cada uma das vinte soluções de fundações

Faremos agora a verificação do comprimento de cravação:

1. Método de avaliação empírica: Σ SPT ≥ 80 (ou 70)

    Somemos os SPT dos dez metros de comprimento de estaca

    $$SPT = 2 + 3 + 3 + 2 + 4 + 8 + 13 + 17 + 20 = 72 > 70^{(*)}$$

    Logo, estamos bem, com os nove primeiros "SPT" das camadas do solo.

2. Método Decourt-Quaresma. Como visto no caso n.º 8, faremos a aplicação direta:

    $$\text{Área do fuste} = \frac{\pi d^2}{4} = \frac{25^2 \times 3{,}1416}{4} = 490 \text{ cm}^2$$

área lateral por m de estaca = $25 \times 3{,}1416 \times 100 = 7.854 \text{ cm}^2$

Hipótese: estaca com 8 m concretado – 1 m de arrasamento = 9 m de profundidade na ponta.

Cálculo de capacidade de carga (fórmula Decourt-Quaresma):

$$F = \frac{F_{at}}{1{,}3} + \frac{F_{pt}}{4}$$

$$F = \frac{\left(\left(\dfrac{\left(\dfrac{52}{8}\right)}{3}\right)+1\right) \times 0{,}25 \times 3{,}1416 \times 8}{1{,}3} + \frac{(17 \times 10 \times 0{,}049)}{4} = 17{,}38 \text{ tf}$$

Podemos testar a fórmula com 1 metro a menos no comprimento. Nesse caso, veremos que:

$$F = \frac{\left(\left(\dfrac{\left(\dfrac{35}{7}\right)}{3}\right)+1\right) \times 0{,}25 \times 3{,}1416 \times 7}{1{,}3} + \frac{(17 \times 10 \times 0{,}049)}{4} = 15{,}30 + 2{,}45 = 13{,}35 \text{ tf}$$

Portanto, OK! É importante lembrar que é possível colocar essa fórmula em uma planilha do Excel para simplificar a análise.

A capacidade de estaca é de cerca de 17,38 tf e a carga de trabalho é de 15 tf (premissa adotada). Estamos bem.

---

[*] Este número é usado para carga cheia, ou seja, estaca de Ø20 cm para 20 tf.

A disposição será:

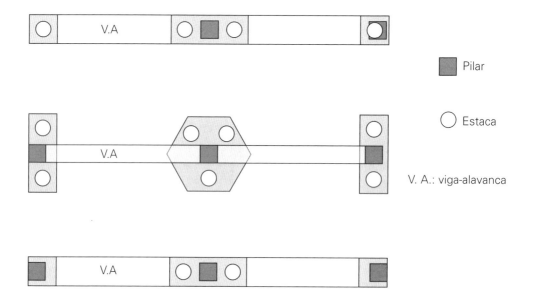

Como temos junto à divisa um pilar descendo com excentricidades em relação às estacas, usaremos vigas-alavanca.

O cálculo das alavancas segue o método do caso n.º 7.

Voltamos a enfatizar:

1. A capacidade de carga das estacas deve ser o mais próxima possível da carga do pilar, com centro de gravidade das cargas coincidente com o centro de gravidade das estacas;

2. utilizar estacas com capacidade de cargas o menos variado possível, a fim de não confundir a obra;

3. nunca utilizar dois tipos de fundação na mesma construção, a fim de procurar equalizar os recalques e fugir dos terríveis recalques diferenciais;

4. Lembrando que, nesse caso, poderíamos ter adotado estacas escavadas a seco com diâmetro e comprimentos iguais, para a fórmula Decourt-Quaresma os dois tipos de estacas podem ser calculados com os mesmos parâmetros (ver Ficha n.º 13, item 13.4).

Discutindo detalhadamente cada uma das vinte soluções de fundações

Caso n.º 11 — Prédio no local n.º 3

Estamos aqui novamente com o edifício de três pavimentos que consideramos, sem laje de subpressão, pois o nível d'água está muito baixo.

Adotaremos para essa fundação tubulões a céu aberto pelos motivos abaixo:

- do ponto de vista da execução, é adequado, por haver presença de nível d'água muito baixo e se tratar de solo coesivo (argila), sem risco de desmoronamento e sem necessidade de revestimento;
- cargas de vulto (situação que não ocorre na casa e no sobrado);
- presença de solo resistente (SPT > 20) a profundidade razoável (10 m);
- eliminação da possibilidade do uso de sapatas pela baixa capacidade de carga do solo superficial;
- a possibilidade do uso de estacas é tecnicamente viável, porém economicamente desaconselhável, como veremos (aqui ressaltamos o fato de que, em projeto de fundação, na maioria dos casos, tecnicamente se admitem duas ou mais soluções, sendo que a preferida será aquela que se mostra mais econômica).

Vamos, então, desenvolver os elementos técnicos que subsidiam uma consulta a fornecedores de estacas e comparar seu custo com uma solução em tubulão.

Solução em estacas

Resumidamente, utilizaremos estacas de 40 e 50 t como no caso n.º 8. Calculemos o comprimento das estacas (método Decour-Quaresma) para estacas de 50 t, Ø 35.[34] Admitamos que a ponta de estaca pare na cota 14 m. Ver desenho:

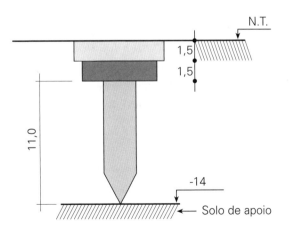

---

[34] O autor MHCB já ouviu de um fabricante de estacas que: "Nós não fabricamos estacas de concreto armado. Nós fabricamos um pré-moldado de concreto armado que em determinados locais (solos) aguentam uma determinada carga". Em termos realistas, o fabricante de estacas está certo.

A previsão do custo da estaca será feita com base em 36 estacas de concreto armado com 50 t de capacidade e 11 m de comprimento e 33 estacas de 40 t e também com 11 m de comprimento.

Custo de solução   *Estacas*

36 Ø 35 p/50 tf – 12 m   R$ ⎫

33 Ø 30 p/40 tf – 11 m   R$ ⎬ (consultar fornecedor)

Taxa de mobilização   R$ ⎭

$$F = \frac{F_{at}}{1{,}3} + \frac{F_{pt}}{4}$$

$$F = \frac{\left(\left(\frac{\left(\frac{117}{11}\right)}{3}\right)+1\right)\times 0{,}35 \times 3{,}1416 \times 11}{1{,}3} + \frac{(26 \times 20 \times 0{,}096)}{4} = 54{,}77 \text{ tf}$$

Testando a fórmula com um metro a menos no comprimento, veremos que:

$$F = \frac{\left(\left(\frac{\left(\frac{93}{10}\right)}{3}\right)+1\right)\times 0{,}30 \times 3{,}1416 \times 10}{1{,}3} + \frac{(24 \times 20 \times 0{,}070)}{4} = 38{,}12^{*} \text{ tf}$$

NOTA

O comprimento de 11 m é estimado.[**] *A cravação de algumas estacas de prova orientará a compra dos comprimentos de estacas mais adequados.*

Estacas compradas mais compridas que as necessárias têm seu trecho em excesso arrasado à marreta, mas tem que ser pago pelo comprimento original, além do custo do próprio arrasamento.

---

[*] ∴ devem ficar com 11 m.
[**] Por que estimado? Porque é calculado por fórmulas semiempíricas.

Discutindo detalhadamente cada uma das vinte soluções de fundações

Solução em tubulões a céu aberto

Em qualquer caso de cargas será usado um tubulão com fuste de 70 cm de diâmetro. Veja:

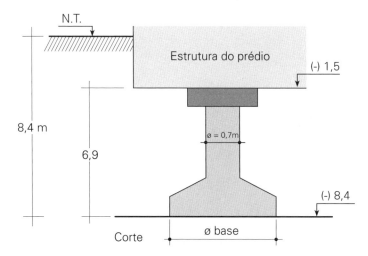

A capacidade do tubulão não poderá exceder a capacidade do fuste que vale:

$$\phi\ 70\ \text{cm área de } 3.850\ \text{cm}^2$$

$F = S \times \sigma$ concreto[35] $= 3.850 \times 50 = 192.000$ kgf $= 192$ tonf (Ficha n.º 9)

Vamos apoiar os nossos tubulões na cota de apoio (−) 8,40 m, na qual o SPT é de 24. A tensão admissível será:

$$\sigma_{ad} = \frac{SPT}{5} = \frac{24}{5} = 4,8\ \text{kg/cm}^2 = 48\ \text{tf/m}^2$$

Como se trata de fundações confinadas (a grande profundidade), as boas práticas permitem acrescer o peso efetivo das camadas do solo subsequente, desde que garantida sua permanência. Logo:

$$\sigma_{solo} = 1,7\ \text{tf/m}^3$$

$$\sigma_{ad} = 6,9 \times 1,7 = 11,73\ \text{t/m}^2 = 1,1\ \text{kg/cm}^2$$

$$\sigma_{ad\ total} = 4,8 + 1,1 = 5,9\ \text{kg/cm}^2 = 60\ \text{t/m}^2$$

(Ver Ficha n.º 8).

---

[35] Adotamos fck = 50 kg f/cm² para a resistência do tubulão, mas compraremos, seguindo a NBR-6118, o concreto com fck = 200 kg f/cm², 20 MPa ou maior.

fck $= \dfrac{200 \times 0,85}{1,4 \times 1,8} = 67 \Rightarrow 50$ a favor da segurança $1,4 \times 1,8 \times 0,85$ efeito Rush;

1,4 = coeficiente de majoração das cargas;
1,8 = coeficiente de minoração do concreto, lançamento com dificuldade.

Tendo-se a carga de trabalho dos tubulões junto ao solo e conhecidas as cargas dos pilares, dimensiona-se o diâmetro Ø da base pela fórmula. Exemplo para o pilar de 72 t:

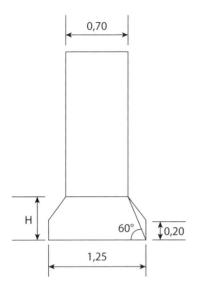

0,20 rodapé

tg $60° = 1,73$

$$H = \frac{1,25 - 0,70}{2} \times 1,73 \cong 50$$

$$S = \frac{F}{60}$$

$F = 70$ tf

Exemplo: pilar de 72

$$S = \frac{F}{60} = 1,2 \text{ m}^2 \rightarrow 1,2 \text{ m}^2 \cong Ø1,25$$

Ø base tub = 1,25 m

Ø fuste base tub = 0,70 m

H altura da base $\cong$ 0,50 m

OBSERVAÇÃO

A altura da base está limitada ao máximo de 1,80 m (consultar item 8.2.2.6.1 da NBR-6122/2010).[*]

Os cálculos feitos para o pilar de 72 t devem ser repetidos para todos os demais pilares.

O custo do tubulão envolve:

- escavação;
- concretagem;
- armadura de aço (na cabeça).

---

[*] Observar cuidados executivos com a NR18, Segurança do Trabalho.

Discutindo detalhadamente cada uma das vinte soluções de fundações

NOTAS

1 – Para tubulão, não há taxa de mobilização como para o bate-estaca. Compara-se então o custo de solução estaca com o da solução tubulão.
2 – Para os preços correntes na cidade de São Paulo, a solução tubulão é mais econômica para o caso em pauta.[36]
3 – Na solução estaca, há que se acrescer o custo do bloco.

Não poderíamos terminar a análise desse caso sem falar do problema de excentricidade dos pilares em relação aos tubulões, nos pilares de divisa. Isso acontece exigindo a utilização de vigas de equilíbrio.

No caso de tubulões, para diminuir a excentricidade, utilizaremos na base, em vez de seção circular, a seção "falsa elipse". Veja:

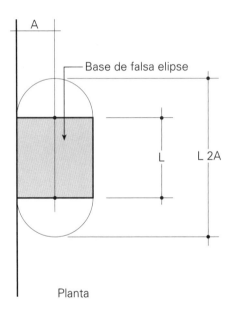

Planta

Caso n.º 12 — Galpão industrial no local n.º 3

Nesse caso, estamos diante de uma situação em que a decisão será eleita pelo critério mais econômico, entre as duas soluções técnicas, igualmente adequadas.

1 – sapata, como no caso n.º 4;

2 – sapata, como no caso n.º 8.

---

[36] Isso varia de época a época.

Os dimensionamentos seriam os mesmos, uma vez que, o que comandou o cálculo no caso n.º 4 não foram as tensões resultantes no solo, e sim o cálculo de esforços solicitantes, a fim de não provocar o tombamento do galpão. Como se pode ver, nesse caso, as tensões de compressão no solo resultaram menores que 0,33 kg/cm^2 (3,3 t/mm^2) o que é compatível com solos extremamente fracos (SPT de 2 a 3).

Conclusão: podemos escolher neste caso n.º 12 entre sapatas e brocas. Optaremos por sapatas, por mera simpatia.[37] O caro leitor não deve crer, entretanto, em simpatias. Orce as duas soluções e opte pela mais econômica.

> *NOTA*
>
> *Relembremos aqui os critérios de escolha de fundações nos casos n.º 4 e n.º 8, homólogos a este caso n.º 12.*
>
> *No caso n.º 4 foi adotada a solução em sapatas pois o terreno é tão bom (resistente) que dificulta sua abertura (escavação) com brocas.*
>
> *No caso n.º 8 foi adotada a solução com brocas pelo fato especifico de existir no solo argila porosa, não recomenda o uso de sapata.*

Caso n.º 13 — Casa térrea no local n.º 4

Nesse caso, adotaremos fundação direta corrida.

Aqui recaímos em solução idêntica à do caso n.º 1.

Aí poderíamos considerar:

- sapatas corridas com dimensão mínima;
- sapatas individuais associadas às vigas baldrames.

Com sapatas individuais, trabalharemos com taxas de solo mais elevadas, o que não é aconselhável pela presença de terreno mole a 3,00 m de profundidade, como abordamos com mais detalhe no caso n.º 14.

Destacamos aqui que, em caso de solos imprestáveis superficiais, em terreno com nível d'água elevado, teremos forçadamente duas soluções:

- Quando o nível de água estiver permanentemente acima dos baldrames, podemos adotar estacas de madeira sem tratamento, pois, quando estas permanecem continuamente submersas, sua resistência é praticamente eterna (caso de palácios da cidade de Veneza, na Itália).

---

[37] Não se surpreenda, caro leitor. Se a engenharia elétrica é a mais matemática das engenharias, com talvez zero de teor humano, a engenharia de solos é a menos matemática das engenharias, com espaço até para simpatias pessoais.

- Quando o nível d'água está sempre abaixo dos baldrames, podemos ter três situações:

  1 – estacas pré-moldadas de 15 t (carga mínima);

  2 – substituição do solo imprestável por solo consistente, com a fundação assente sobre ele, em sapatas rasas;

  3 – execução de radier, ou seja, piso de concreto armado sob toda a edificação, deixando a construção "flutuante".

Caso n.º 14 — Sobrado no local n.º 4

Nessa situação, adotaremos sapatas rasas. Como temos uma camada mole, a pouca profundidade, verificaremos a propagação das tensões por métodos vistos na parte teórica (Ficha n.º 5).

Vamos analisar a tensão no topo da camada compressível (ver desenho).

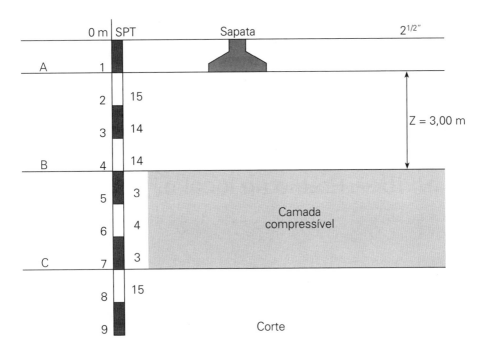

$$\sigma_{ad} = \frac{SPT}{5} = \frac{15}{5} = 3 \text{ kg/cm}^2 \text{ (no ponto A)}$$

Pilar + carregado = 39,5 t (caso do pilar mais carregado)

$$S_{ad} = \frac{F}{\sigma} \quad S = \frac{39.500}{3} = 13.166 \text{ m}^2$$

(115 cm × 115 cm – seção da sapata quadrada)

$\emptyset = 30°$ (adotado ângulo de espraiamento do cone de tensões) – valor proposto pela NBR-6122/2010, ver item 7.7.4.

Calculemos a tensão no topo da camada compressível (ponto B)

$$\sigma_0 = \frac{P}{(b + 2 \cdot tg\phi \cdot z) \cdot (a + 2 \cdot tg\phi \cdot z)} = \frac{P}{(115 + 2 \cdot tg30° \times 300) \cdot (115 + 2 \cdot tg30° \times 300)}$$

$\sigma_0 = 0{,}18 \text{ kg/cm}^2 = 1{,}8 \text{ tonf/m}^2$

Essa tensão de 1,8 t/m² ocorre no ponto B, no qual o SPT vale de 3 a 4.

Calculemos a tensão aceitável no ponto B.

$$\sigma_0(B) = \frac{SPT}{5} = \frac{3}{5} = 0{,}6 \text{ kg/cm}^2 > 0{,}18 \text{ kg/cm}^2$$

Logo, como indicado na Ficha n.º 5, a tensão para não haver recalques excessivos não deve ser superior à metade da tensão admissível. Veja:

$$\sigma_0 = 0{,}18 \text{ kg/cm}^2 < \frac{1}{2}\sigma_{ad}(B) = \frac{1}{2} \times 0{,}6 = 0{,}3 \text{ kg/cm}^2$$

Por cuidado, alerte-se que a fórmula $\sigma_{ad} = SPT/5$ deveria ser limitada a valores de SPT entre 5 a 20 (em nosso caso, estamos com SPT = 3). Dessa maneira, a análise tem aspecto preliminar, mas compatível para o caso "sobrado".

Caso n.º 15 — Prédio no local n.º 4

Adotaremos no carregamento do edifício a laje de subpressão em função de o nível d'água estar acima da laje de fundo da garagem.

OBSERVAÇÃO

1 – Não é permitido considerar o alívio na fundação por efeito da subpressão item 5.2.3. da Norma NBR-6122, (o NA em zonas urbanas sofre modificações ao longo dos anos).

2 – Pode ser utilizada laje não solidária à estrutura, com poços de recalque de água (essa solução diminui o custo inicial do prédio, porém o encarece muito em sua manutenção).[38]

---

[38] No bairro onde mora o autor MHCB, existe, em épocas de seca, uma água cristalina que corre pela sarjeta, originária de vários prédios, e que é coletada em bocas de lobo. São águas do lençol freático que chegam às lajes de garagens e são esgotadas por bombas.

Discutindo detalhadamente cada uma das vinte soluções de fundações 91

> 3 – Podemos escavar toda obra até a cota de 1,5 m (laje de fundo) e aí iniciar a fundação, por se tratar de terreno argiloso (superficial). Durante a execução da obra, manteremos quatro poços de recalque com bombas (tipo submersível), o que será suficiente para manter a obra seca. É importante lembrar que a argila, por ser um solo mais impermeável, produz pequena quantidade de água (ver Ficha n.º 2).

Verificação de solução em sapatas.

Como no exercício anterior, temos:

$$\sigma_{ad} = \frac{SPT}{5} = \frac{14}{5} \cong 3 \text{ kg/cm}^2 = 30 \text{ t/m}^2$$

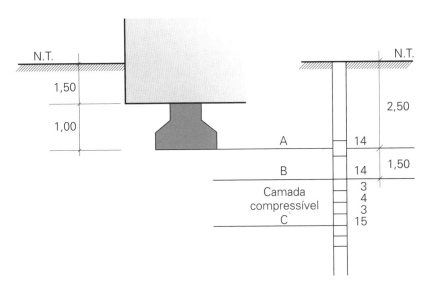

Carga do pilar mais carregado – 200 t

$$\sigma = \frac{200.000}{3,0} = 66.666 \text{ cm}^2 \quad - \text{ sapata quadrada de 260 cm de lado.}$$

Como temos uma camada compressível, começando em B e indo até C, temos que calcular a tensão em B. A fórmula é (Ficha n.º 5):

$$\sigma_B = \frac{P}{(a + 2 \times tg\phi \times z) \times (b + 2 \times tg\phi \times z)} = \frac{200.000}{(260 + 2 tg 30° \times 150) \times (260 + 2 tg 30° \times 150)}$$

$$\sigma_B = 1,07 \text{ kg/cm}^2$$

Esse cálculo foi feito para uma verificação isolada de ação de um pilar. Só que nessa região atuam vários pilares e portanto várias cargas. Calculemos a tensão em B considerando a somatória das cargas e a dimensão em planta do prédio (30 × 20 m).

$$\sigma_B = \frac{4\times 200.000 + 4\times 47.000 + 14\times 95.000 + 8\times 190.000}{(3.000 + 2\times \text{tg}30°\times 150)\times(2.000 + 2\times \text{tg}30°\times 150)} = 0{,}56 \text{ kg/cm}^2$$

A tensão no topo de camada compressível, para não haver recalques excessivos, não deve exceder:

$$\frac{1}{2}\times\frac{\text{SPT}}{5} = \frac{1}{2}\times\frac{3}{5} = 0{,}3 \text{ kg/cm}^2$$

As tensões que resultaram (1,07 kg/cm² e 0,56 kg/cm²) são maiores que 0,3 kg/cm², admitidas no topo da camada compressível.

Conclusão: por causa da camada compressível, não podemos usar sapatas. Usaremos portanto estacas pré-moldadas de concreto armado.

Hipóteses para as estacas:

Pilar 200 t ⟶ 4 estacas   50 t

Pilar 190 t ⟶ 4 estacas   50 t

Pilar 95 t ⟶ 2 estacas   50 t

Pilar 47 t ⟶ 1 estaca   50 t

Estaca 50 t – escolhido Ø 35 cm.

Previsão de comprimento:

1. Pela somatória dos SPT > (70 a 80) (método empírico utilizado até o fim dos anos 1970)

    Descartamos os 3 primeiros metros ocupados pelo subsolo e blocos de fundação (SPT 0, 14 e 16). A estaca deve ir até a cota 12 m dentro da areia compacta, permitindo a seguinte somatória de SPT = 14 + 3 + 4 + 3 + 15 + 14 + 17 + 16 + 20 = 106. O comprimento das estacas, dentro desse critério, será de 12 m.

NOTA

Nesse caso, desprezamos os primeiros 3 metros de estaca – parte superior, pelo fato de o trecho estar na área de subsolo e ocupado pelo bloco da fundação.

Façam o exercício com a fórmula Decourt-Quaresma para verificação de sua aplicabilidade.

Conclusão: Pelos dois processos, a estaca dá 50 t de capacidade.

Tudo OK!

Caso n.º 16 — Galpão industrial no local n.º 4

Nessa situação, recaímos no caso n.º 4, ou seja, fundação direta, pois:

- a influência das tensões no solo mole não é considerável, como visto no caso n.º 14,
- O solo superficial é semelhante ao local n.º 1 (trecho superficial).

Podemos adotar a solução já vista no caso n.º 4 (local n.º 1), ou seja, usaremos sapatas.

Caso n.º 17 — Casa térrea no local n.º 5

Nesse exemplo, teremos que construir uma casa térrea e não dispomos de sondagens (ressalte-se que a NBR-6122/2010 no seu item 4.3 torna obrigatória a execução de no mínimo sondagens a percussão para qualquer tipo de obra). Acreditamos que este caso abranja 99,99% das construções de casas térreas no país, até mesmo nas casas de "pau a pique", casinhas feitas em regime de mutirão nas periferias das cidades etc. Já que a premissa lamentável é não haver sondagem, deveremos:

1. Visitar as obras das imediações e investigar qual tipo de fundação corresponde à tradição local. Visitar obras em andamento e obras já prontas, principalmente quanto à ocorrência de trincas e fissuras. Usar sondagens a trado.[39]

2. Reconhecer cuidadosamente o local de nossa obra. Se for alto e constituído de solo natural (e não sobre terreno solto), em princípio, tudo bem. Se o local for situado em depressão de terreno, próxima a córregos e rios, cuidado! Procure certificar-se de que o terreno não é constituído de turfa. Se o for, esqueça a possibilidade de fazer fundação direta por sapatas.

3. Há dois tipos clássicos de fundação para essa cagegoria de obra: ou sapata (conhecido como alicerce), ou brocas. Em qualquer caso, haverá material a remover. Acompanhe com cuidado o material que vai sendo escavado. Se for terreno arenoso, ótimo. Seus recalques serão praticamente imediatos e, finda a obra, as trincas serão retocadas e o assunto estará encerrado. Se, todavia, o terreno escavado for pegajoso, desses que sujam tudo, desses que se agarram ao trado e à pá, barrento, pegajoso, então temos grande probabilidade de estar diante de

---

[39] Sondagens a trado NBR-9603.

um terreno argiloso, e serão inevitáveis que os recalques e as trincas ocorram ao longo do tempo, anos, muitos anos. É uma situação indesejável.

4. Se usarmos sapata corrida, não devemos escavar além do necessário, para que não seja necessário reaterrar. É preferível apoiar-se sobre terreno natural de fundo do vale e que, por séculos, recebeu a ação da carga do terreno sobrejacente do que se apoiar sobre terreno mal ou precariamente compactado. Se, todavia, por erro de escavação, ultrapassamos a cota de fundo da escavação ou tivermos que escavar solo ruim, o reaterro deve ser feito em camadas de, no máximo, 15 cm de espessura e fortemente compactadas. Socar terra com espessura maior do que 15/20 cm com equipamento manual é ilusório. Não compacta quase nada.

A terra a ser usada no reaterro deve ser isenta de restos vegetais e pedras, pois não favorece a obtenção de um solo compacto. Veja:

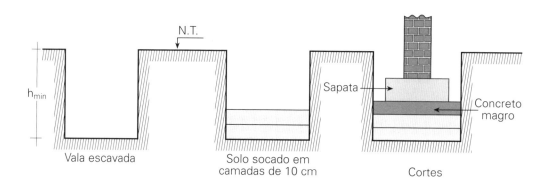

5. Não custa nada abrir um poço (Ø 0,80 m) e identificar as características do material removido. Para a natureza da obra (casa térrea), esse poço – salvo em condições muito anormais – costuma permitir a identificação das características do solo com cerca de 3 a 4 m de profundidade e poderá, ao fim da obra, ser usado como poço para água ou para disposição dos efluentes da fossa séptica. Eventuais dificuldades para escavar, por encontrar terreno muito resistente, são ótimos indícios para não termos problemas de fundação direta (sapata, alicerce). Desbarrancamentos na escavação do poço já são péssimos sintomas.

Uma alternativa à escavação do poço é mandar fazer furos a trado com 10 cm de diâmetro e 6 m de profundidade, que é o comprimento médio habitual de brocas. Analisar o material retirado pelo trado.

6. No caso de casas térreas, suas cargas passadas às fundações são extremamente baixas, principalmente se não existirem pilares e se a alvenaria tiver função estrutural. Terrenos com SPT de até 2 resistem sem maiores problemas. Solos perigosos são os turfos, que cedem a cargas baixíssimas. Terrenos de composição vegetal – muitas vezes de cor preta – cedem até pela abertura de pequenas valas. Nesses casos, temos que usar brocas, que são, para todos os efeitos, miniestacas.

Discutindo detalhadamente cada uma das vinte soluções de fundações

7. Como escolher entre brocas e sapatas?

   Quando o terreno não é exageradamente ruim e o lençol freático é baixo, a solução para fundações de casas térreas é a sapata (alicerce). Edificações com paredes estruturadas com pilares usarão sapatas isoladas.

   Quando o terreno superficial é péssimo e o solo bom ocorre entre três a sete metros, a melhor solução é a broca.

   Quando o terreno superficial é ruim e o terreno razoável está a mais de sete metros de profundidade (que é o comprimento máximo razoável para brocas), temos que optar entre:

   - reconsiderar a decisão de construir a casa nesse local. Os autores conhecem casos de edificações térreas que cederam e caíram por terem sido construídas sobre terrenos turfosos, aterros de lixo e que não suportaram as baixíssimas cargas de uma edificação térrea.
   - usar estacas de madeira ou de concreto armado. Para obras provisórias – ou quando se tem a certeza de que não haverá alteração de nível d'água –, as estacas de madeira são uma solução.

8. No caso do uso de brocas em construções com paredes estruturais, temos um conflito. As paredes precisam descarregar suas cargas ao longo de todo seu desenvolvimento, enquanto as brocas são elementos de resistência pontual.

   A solução então é usar uma viga que ligue as cabeças das estacas. Essa viga chama-se viga-baldrame.

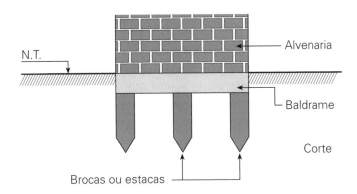

9. Sérios cuidados devem ser tomados, nos casos muito comuns, de obras executadas sobre aterros. Veja um exemplo de construção sobre um aterro não compactado. Cabem as seguintes perguntas:

   - O terreno é resistente?
   - Essa configuração é de equilíbrio?
   - Está sendo dado um destino adequado às águas pluviais?

   Em princípio, esse tipo de obra não é recomendável.

OBSERVAÇÃO

1. Raros são os aterros bem compactados e que merecem confiança. Para bem compactar um aterro, deve-se fazê-lo em camadas de pequenas espessuras e controlar a umidade dessas camadas, técnicas que exigem cuidados e tecnologia não encontrada em todos os lugares.

2. Conforme já dissemos anteriormente, a Norma de fundações obriga a execução de sondagens para qualquer tipo de obra. No local n.º 5, apenas sugerimos as medidas que, no caso da não existência das sondagens e para casos de construções com baixíssimas cargas, o leitor puder executá-la correndo o mínimo de riscos, apesar do fato de o risco sempre estar presente. Vale lembrar que, no caso de dano, o não cumprimento das Normas Técnicas, pelo Código do Defesa do Consumidor, será sempre de responsabilidade do construtor, e, no caso de a construção estar coberta por seguro de responsabilidade civil, esse seguro não pagará pelos danos.

Caso n.º 18 — Sobrado no local n.º 5

Sobrado (ou sobradinho) são expressões que não definem com clareza os tipos de obras sob essa denominação. Existem sobradinhos feitos em favelas e existem sobrados com 200 m², 300 m² de área construída para a classe média alta. Pensar que sobradinhos feitos de alvenaria em favelas utilizam-se de sondagens geotécnicas de percussão, feitas de acordo com a NBR-6484, é ilusão.

Construir uma mansão com ar-condicionado, sauna e circuito interno de TV sem sondagem denota inexperiência e caracteriza mau desempenho profissional do responsável pela obra. Se os sobradinhos da periferia sobrevivem às fissuras e trincas – que são, às vezes, corrigidas com argamassas de rejuntamento – o mesmo não é aceitável para sobrados sofisticados. Se vamos construir um sobradinho em região cuja tendência geológica conhecemos e onde haja outras obras que nos permitam saber o que foi feito nas imediações e suas consequências, é um risco calculado, e talvez seja aceitável não fazer a sondagem.

Fazer um sobrado em região da qual nada se conhece e que não possui obras nas imediações para tirar partido das experiências anteriores é um risco que não recomendamos em absoluto e que poderá levar a erros terríveis.

Assim, para este caso n.º 18, não há resposta única.

Só para ilustrar, contamos um caso verídico.

Em um bairro da zona sul da cidade, havia uma área baixa, de solo turfoso, de péssima qualidade. A prefeitura da cidade doava esse terreno com movimento de terra.

Discutindo detalhadamente cada uma das vinte soluções de fundações

Uma indústria consultou um especialista de solos, que recomendou:

- aceite o terreno gratuitamente;
- aceite o movimento de terra de escavação (corte), não deixando cortar mais que o necessário;
- não aceite o aterro. O aterro, nós fazemos com cuidado. Aterros mal feitos são terríveis.

Outro terreno foi desmembrado em três lotes, cada um com 10 m de frente por 30 m de fundo. No lote intermediário, seu proprietário decidiu fazer um sobrado de bom nível, com cerca de 180 m² de área de construção. Feita apenas uma planta de Prefeitura, sem nenhum outro projeto complementar, o proprietário contratou um construtor "experiente" (?), formado no exterior, cujo diploma de engenheiro (?) se havia extraviado quando de sua mudança para o Brasil (?). Como o construtor tinha "muita experiência" (?), decidiu não fazer sondagens e optou, após simples inspeção do terreno, por usar brocas de Ø 25 cm de 7 metros de profundidade, espaçadas a cada 2 metros. Foi uma solução de custo elevado. Felizmente, o construtor era "experiente" e dizia constantemente ao dono da obra que tudo ia indo "às mil maravilhas". Quando as fundações estavam prontas e a alvenaria já subia, começou a construção no lote da direita. Era também um sobrado, igualmente com 200 m² de área construída, e – como o seu proprietário também conhecia empreiteiro de "larga experiência" – as sondagens, é claro, foram "economizadas"...

O estranho foi a solução que a construtora da direita deu as fundações. Usou brocas de Ø 15 cm espaçadas a cada 2 m, mas com profundidade de apenas 3,5 m.

O resultado foi uma fundação muito mais barata do que a usada no sobrado ao lado. O dono do sobrado do lote do meio ficou "uma fera" com seu construtor "experiente", pois este executara uma fundação muito mais cara do que o necessário, conforme a obra da direita o mostrava para qualquer pessoa, mesmo leiga no assunto. As relações do dono do sobrado do meio com seu construtor iam de mal a pior, por causa desse fato quando o proprietário do lote da esquerda começou a construir. Àquela altura, a construção do lote do meio já estava chegando à cobertura, e no sobrado da direita levantavam-se as paredes, quando se iniciou a construção no último lote. Só que o dono do lote da esquerda deve ter contratado um engenheiro "medroso e sem experiência" e que, por causa disso, não dispensou sondagens no terreno.

Tão logo estas terminaram, começaram as obras de fundação. Usaram estacas Strauss de 25 cm que encontraram solo firme a 12 m de profundidade. Os proprietários dos lotes do meio e da direita foram falar com o engenheiro da obra para alertá-lo do "desperdício" quando foram informados das características dos solos de toda a região. Pelos dados das sondagens, o solo era péssimo até 9 m de profundidade e só melhorava abaixo desses 9 m. Fazer sobrados com brocas ou estacas Strauss, com menos de 12 m de profundidade, era assentar a obra sobre camadas sem nenhuma capacidade de suporte e portanto, candidatar-se, no mínimo, a grandes trincas...

Conclusão da história e deste caso n.º 18: (consultar normas recentes e antigas) "A natureza e a quantidade das investigações a realizar dependem das peculiaridades das obras, dos valores e tipos dos carregamentos atuantes, bem como das características geológicas básicas da área em estudo. *Em qualquer caso, entretanto, não devem ser dispensadas as sondagens de simples reconhecimento*, (o grifo é nosso)".

Casos n.º 19 e n.º 20 — Prédios de apartamentos e galpão industrial no local n.º 5 (sem sondagem)

Se é fato que se constroem casas térreas e sobrados em locais sem sondagem e é essa uma situação com que, em determinadas circunstâncias, se tem que conviver, não há sentido em aceitar que se construam prédios de apartamentos e galpões industriais sem sondagens. A intensidade das cargas dessas obras e seu vulto econômico são de tal magnitude que aceitar trabalhar em fundações sem sondagens é erro crasso e inadmissível. Além disso, é facilmente comprovável que o custo das sondagens varia entre 0,2 a 0,01% do custo total de uma obra de porte e – o que é mais importante – esse custo é largamente compensado pela economia representada por uma solução correta. Se, além disso, ainda ocorrerem trincas, infiltrações etc., o prejuízo será, então, muito maior, senão irrecuperável. Portanto, o profissional deve se recusar a participar de obra sem que tenham sido feitas as sondagens, conforme a quantidade e cuidados exigidos pelas normas técnicas normalmente aceitas no nosso meio, que são as normas da ABNT – Associação Brasileira de Normas Técnicas.

Apesar desses alertas quanto à responsabilidade profissional, por incrível que pareça ainda se fazem obras do porte das que estamos falando sem que se tomem esses cuidados mínimos!

Um dos autores deste trabalho (MHCB) visitou um prédio de concreto armado com mais de quatro pavimentos que tombou em uma cidade a cerca de 300 km da cidade de São Paulo. A história foi mais ou menos a seguinte:

Um negociante da cidade que construía casinhas e sobrados decidiu construir "sob sua coordenação" um prédio de apartamentos. Não era para ganhar dinheiro, era para promover o progresso da cidade (!), explicou o "dito cujo" após a hecatombe que contaremos. Um arquiteto foi contratado para realizar o projeto de arquitetura e de detalhamento. Um calculista estrutural executou o cálculo do concreto armado e registrou na memória do cálculo, e em alguns desenhos, que aquele *projeto estrutural só poderia ser executado na obra depois de equacionado o problema das fundações*, pois as sondagens do terreno não estavam disponíveis até então. O dono da obra contratou, porém, a execução da estrutura e da alvenaria e mandou que nas fundações se fizessem sapatas que ele mesmo dimensionou pela "experiência" que tinha adquirido na visita à obras na região.

Com todas essas "barbaridades", o prédio foi construído e, quando estava já em fase final – quando já ocorrem quase 50% das cargas totais –, começou literalmente a tombar para um dos lados. Dali a quinze dias dos primeiros sinais do problema, o prédio tombou por inteiro, derrubando uma casa térrea vizinha. Felizmente não houve vítimas, pois o tombo fora anunciado pela progressiva inclinação da estrutura, que já se transformara em atração turística e até apostas se faziam para determinar o dia da queda triunfal.

Foi aberto um inquérito policial e o juiz de Direito da Comarca nomeou um perito para dar um parecer. O perito, jovem engenheiro, mas nem por isso imaturo, pediu de início duas coisas:

- o projeto estrutural completo (desenhos e memória de cálculo);
- sondagens do local da obra, ou melhor dizendo, do local do sinistro.

O "diabo" é que não havia sondagens e para fazê-las era necessário pagá-las.

O juiz mandou um ofício ao dono da obra intimando-o a apresentar as sondagens.

O dono da obra comentou na cidade (e nas pequenas cidades a gente fica sabendo de tudo): "o engenheiro perito quer sondagens. Afinal de contas, fazendo sondagens até eu faço prédio que não cai..."

A conclusão dessa história (verdadeira, acreditem) é:

- A solução para a escolha das fundações para o prédio de apartamentos e para o galpão industrial (para o exemplo do local n.º 5) é fazer uma boa engenharia, e para isso começa-se fazendo sondagens à percussão...

NOTA DE RESPONSABILIDADE SOCIAL

As obras de fundações de edifícios, por envolverem escavação em solos em até grandes profundidades, geram sempre situações potenciais de risco.

Face a isso, é importante seguir estritamente as regras de segurança e as recomendações da NR-18 (norma regulamentadora) do Ministério do Trabalho e Emprego nas obras.

5 — BALANÇO GERAL

Depois de resolvidos os vinte casos de fundações, é importantíssimo fazer um balanço geral de tudo o visto para se ter uma crítica, uma análise, uma ponderação de tudo.

Para facilitar essa análise, recomenda-se o acompanhamento do escrito nessas linhas com o quadro geral "local *versus* edifícios".

Algumas conclusões podem ser feitas (ver página 102).

Análise pelas linhas

Quando o solo é resistente e o nível da água é bem baixo, a solução sapata é imbatível (caso do local n.º 1).

Quando o solo não é resistente e o nível de água não atrapalha, variam os tipos de fundação, governados pelos tipos de esforços e por sua magnitude. Foram usadas brocas, estacas escavadas a seco, estacas Strauss, estacas pré-moldadas de concreto e tubulões a céu aberto.

Raízes da equação

A solução dessa matriz de dificuldades gerou raízes de equação (as soluções das equações dos conflitos) que não apresentam uma lei de formação. A conclusão a rigor é que, pelo menos dentro dos limites desse trabalho, não existem leis rígidas de zoneamento de solução, e que, mais uma vez, cada caso é um caso.

Observamos que, através de uma análise crítica das sondagens apresentadas, e por meio de uma visão mais abrangente da engenharia de fundações, pode-se afirmar que:

- nem sempre solos com características geotécnicas ruins exigem soluções caras para as fundações.
- A posição do nível d'água é determinante na escolha do tipo de fundação a ser adotada.
- O reconhecimento do tipo de solo (areia ou argila e rocha) igualmente ao nível de água é outro determinante dessa escolha.

Agora, como uma pausa, desejamos boas obras para você, caro leitor.

4 edifícios × 5 locais de implantação = 20 soluções de fundações					
Descrição dos locais de implantação			Edifícios a receber fundações				Simbologia das fundações
			Casa térrea isolada	Sobrado geminado	Prédio de apartamentos	Galpão industrial com vento	
Local n.º 1	Solo resistente	Nível d'água baixo	Caso n.º 1 A	Caso n.º 2 A	Caso n.º 3 A	Caso n.º 4 A	A Sapata
Local n.º 2	Solo não resistente	Nível d'água baixo	Caso n.º 5 B	Caso n.º 6 C	Caso n.º 7 D	Caso n.º 8 B	B Broca
Local n.º 3	Solo não resistente	Nível d'água baixo	Caso n.º 9 A	Caso n.º 10 C	Caso n.º 11 E	Caso n.º 12 A	C Estaca Strauss
Local n.º 4	Solo variável na resistência	Nível d'água alto	Caso n.º 13 A	Caso n.º 14 A	Caso n.º 15 D	Caso n.º 16 A	D Estaca de concreto
Local n.º 5	Não há informações	Não há informações	Caso n.º 17 A	Caso n.º 18 depende, depende	Caso n.º 19 –	Caso n.º 20 –	E Tubulão

Nota: no canto superior das linhas da coluna "Edifícios a receber fundações" está indicado o número do caso estudado.

É sempre bom lembrar que:

Para cargas baixas, que possibilitam sapatas corridas ou sapatas isoladas, temos: sapatas corridas com a profundidade de influência das tensões de seis vezes a largura da sapatas corridas (ex.: em uma sapata com largura de 60 cm, em 3,60 metros de profundidade, as tensões já estão dissipadas) no caso de sapatas isoladas de até 2,5 vezes a menor dimensão as sapatas (ex.: em uma sapata com 1,5 m de largura, as tensões estão dissipadas com 3,75 m de profundidade). Foi por isso que enfatizamos que o conhecimento dessas profundidades, nesse caso, para fundações rasas e baixas, é de fundamental importância.

PARTE II
FICHAS TÉCNICAS

Ficha n.º 1 – Nascem os solos. Solos argilosos, solos arenosos, solos siltosos, solos residuais e solos sedimentares

Ficha n.º 2 – Solos argilosos (barrentos) – fundações em solos argilosos

Ficha n.º 3 – Fundações em solos arenosos

Ficha n.º 4 – Solos siltosos

Ficha n.º 5 – Transmissão de cargas nos solos – bulbos de pressões

Ficha n.º 6 – Sondagem à percussão: o que é e como interpretar seus resultados

Ficha n.º 7 – O problema dos recalques

Ficha n.º 8 – Capacidade de carga dos solos

Ficha n.º 9 – Tipos de fundações que usaremos

Ficha n.º 10 – Custos das fundações

Ficha n.º 11 – Provas de cargas

Ficha n.º 12 – Crônicas sobre fundações – revolvendo conceitos

Ficha n.º 13 – Fórmulas

Ficha n.º 14 – Dimensionamento estrutural das estacas

Ficha n.º 15 – Observações e destaques da NBR-6122/2010

Ficha n.º 16 – Outros ensaios

Ficha n.º 17 – Bibliografia e sites de entidades do setor

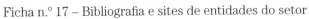
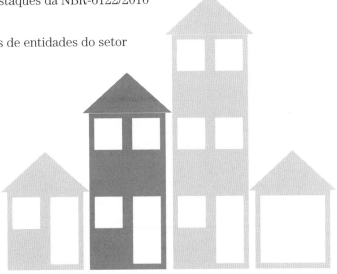

OBJETIVOS DAS FICHAS TÉCNICAS

Nessas fichas técnicas é feita uma apresentação resumida e direta dos principais assuntos de mecânica dos solos e engenharia de fundações.

Cada um dos assuntos é tratado individualmente, podendo o caro leitor consultar, diretamente ou isoladamente, o assunto do seu interesse específico.

FICHA N.º 1 — NASCEM OS SOLOS. SOLOS ARGILOSOS, SOLOS ARENOSOS, SOLOS SILTOSOS, SOLOS RESIDUAIS E SOLOS SEDIMENTARES

Para efeito de engenharia de fundações, o material da crosta terrestre é dividido em:

- rochas – só escaváveis a explosivo;
- solos – escaváveis a pá ou picareta;
- alteração de rocha – camada intermediária entre os dois e que requer martelete pneumático para a escavação (desmonte).

Só nos ocuparemos dos solos, e estes são constituídos de:

- seixos e pedregulhos;
- areias;
- siltes;
- argilas.

Claro está que essa divisão é formal e simplificada.

Na prática ocorrem argila siltosa, argila arenosa, silte argiloso etc., ou seja, uma mistura dos solos.

A diferenciação entre eles se faz pela granulometria de suas partículas. Veja uma dessas classificações (ABNT).[1]

ESCALA ABNT – tamanho das partículas					
Argila	Silte	Areia fina	Areia média	Areia grossa	Seixos
0,005 mm	0,05 mm	0,4 mm	2 mm	4,8 mm	

---

[1] Pela chamada "classificação internacional", algumas areias finas seriam catalogadas, pela ABNT, como siltes, e certos siltes seriam argilas, mostrando a relatividade dessas classificações.

As areias, as pedras e até os matacões podem ser divididos pela granulometria em:

Pedra zero (pedrisco)	5 a 9,5 mm
Pedra um	9,5 a 22 mm
Pedra dois	22 a 32 mm
Pedra três	32 a 50 mm
Pedra quatro	50 a 75 mm
Pedra de mão	75 a 250 mm
Matacão	> 250 mm e < 1 m

Para o estudo dos materiais de crosta terrestre, uma outra classificação dos solos é importantíssima. Há locais em que a desagregação natural das rochas (e que dará lugar aos solos) se dá sem transporte de material. São os solos residuais. Os morros são constituídos principalmente por solos residuais.

Há outras regiões em que o solo chegou a determinados locais por transporte (fluvial, como nas baixadas, ou por ação de ventos nos morros, ou por gravidade nos pé dos morros). São os solos sedimentares que aparecem muito comumente em várzeas de rios.

Veja as diferenças que resultam para cada um dos casos.

Solos orgânicos	Solos residuais	Solos sedimentares
(decomposição de restos vegetais e animais)	(decomposição local das rochas)	(decomposição por transporte de sedimentos)
Características Gera solos normalmente de baixa resistência e, às vezes, atingindo grandes profundidades.	Características Com a profundidade, a resistência cresce. Há uma uniformidade de tipo de solo ao longo da profundidade, coerente com o tipo de rocha que lhe deu origem. Presença de matacões, núcleo duro da rocha matriz.	Características É o oposto de solo residual. Não há regra de estruturação. É "anárquico".

A seguir, segue um quadro com os diversos tipos de solos e esquema de execução de sondagens que você, caro leitor, encontrará também na Ficha n.º 6. As sondagens de tipo Mohr – Geotécnica e IPT – estão fora de uso atualmente.

Nascem os solos. Solos argilosos, solos arenosos, solos siltosos, solos residuais...

SOLOS						
RESIDUAIS	SEDIMENTARES (TRANSPORTADOS)				ORGÂNICOS	
	DE ALUVIÃO (água)	EÓLICOS (vento)	COLUVIAIS (gravidade)	GLACIAIS (geleiras)	ORGÂNICOS	
Áreas de climas quentes e úmidos	Vales de rios e planícies de inundação	Ao longo do litoral em dunas	Ao pé de elevações e encostas		Bacias, depressões e baixadas de rios ou litorâneas	

SONDAGEM A PERCUSSÃO				
SOLO	DENOMINAÇÃO	MOHR-GEOTÉCNICA $Øe = 1\ 5/8''\ (41\ mm)$ $Øi = 1''\ (25\ mm)$ Peso de cravação = 65 kg Altura de queda = 75 cm Penetração (IRP) 0–30 cm	TERZAGHI-PECK $Øe = 2''\ (51\ mm)$ $Øi = 1\ 3/8''\ (35\ mm)$ Peso de cravação = 65 kg Altura de queda = 75 cm Penetração (SPT) 15–45 cm	I.P.T. $Øe = 1\ 13/16''\ (45\ mm)$ $Øi = 1\ 1/2''\ (38\ mm)$ Peso de cravação = 60 kg Altura de queda = 75 cm Penetração (IPT) 0–30 cm
COMPACIDADE DE AREIAS E SILTES ARENOSOS	Fofa	≤ 2	≤ 4	< 5
	Pouco compacta	3——5	5——8	
	Medte. compacta	6——11	9——18	5——10
	Compacta	12——24	19——41	11——25
	Muito compacta	> 24	> 41	> 25
CONSISTÊNCIA DE ARGILAS E SILTES ARGILOSOS	Muito mole	< 1	< 2	
	Mole	1——3	2——5	< 4
	Média	4——6	6——10	4——8
	Rija	7——11	11——19	8——15
	Dura	> 11	> 19	> 15

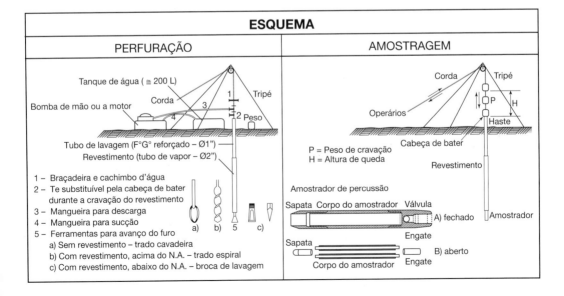

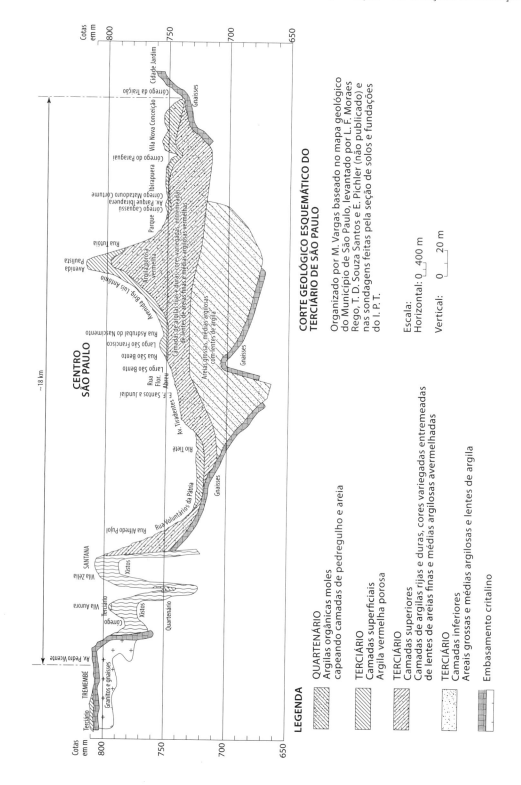

Nascem os solos. Solos argilosos, solos arenosos, solos siltosos, solos residuais...

ROCHAS

Magmáticas	Sedimentares	Metamórficas

ESTRUTURA

Maciça -compacta	Estratificada -em camadas	Orientada -paralelismo dos minerais

COR

Homogênea -uniforme	Variável -variação na horizontal e na vertical	Variável -variação na horizontal e na vertical

ROCHAS MOLES – RISCÁVEIS P/ UNHA

	-arenito, argilito, brecha, conglomerado, folhelho, siltito	

ROCHAS MÉDIAS – RISCÁVEIS P/ CANIVETE

	-calcário, dolomito	-ardósia, filito (xisto), gnaisse

ROCHAS DURAS – DIFICILMENTE OU NÃO RISCÁVEIS

-Aplito, basalto, diabásia, diorito, gabra, branito	-sílex	-quartzito

BACIAS
1 - Amazônica
2 - Piauí – Maranhão
3 - Central
4 - Sergipe – Alagoas
5 - do Recôncavo Baiano
6 - Bahia – Minas – Goiás
7 - do Pantanal
8 - do Paraná

NÚCLEOS
9 - Guianense ou do Norte
10 - Central
11 - Oriental
12 - Faixa sedimentar do Nordeste

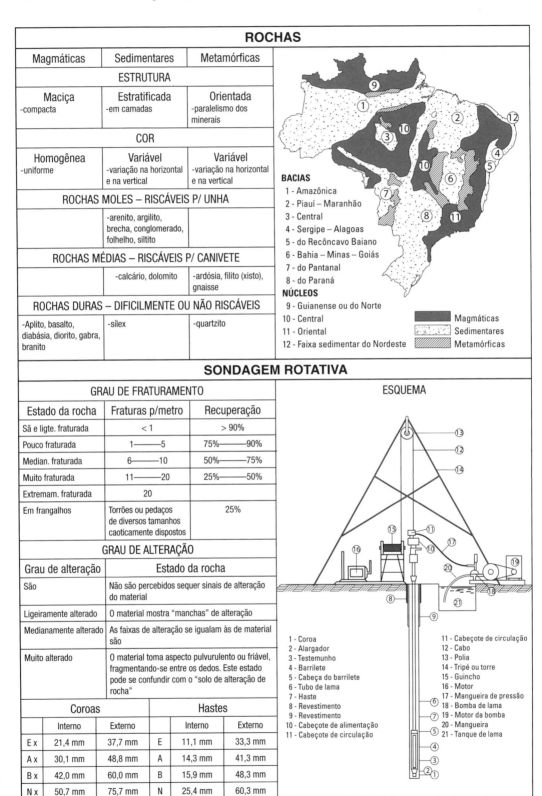

SONDAGEM ROTATIVA

GRAU DE FRATURAMENTO

Estado da rocha	Fraturas p/metro	Recuperação
Sã e ligte. fraturada	< 1	> 90%
Pouco fraturada	1——5	75%——90%
Median. fraturada	6——10	50%——75%
Muito fraturada	11——20	25%——50%
Extremam. fraturada	20	
Em frangalhos	Torrões ou pedaços de diversos tamanhos caoticamente dispostos	25%

GRAU DE ALTERAÇÃO

Grau de alteração	Estado da rocha
São	Não são percebidos sequer sinais de alteração do material
Ligeiramente alterado	O material mostra "manchas" de alteração
Medianamente alterado	As faixas de alteração se igualam às de material são
Muito alterado	O material toma aspecto pulverulento ou friável, fragmentando-se entre os dedos. Este estado pode se confundir com o "solo de alteração de rocha"

Coroas			Hastes		
	Interno	Externo		Interno	Externo
E x	21,4 mm	37,7 mm	E	11,1 mm	33,3 mm
A x	30,1 mm	48,8 mm	A	14,3 mm	41,3 mm
B x	42,0 mm	60,0 mm	B	15,9 mm	48,3 mm
N x	50,7 mm	75,7 mm	N	25,4 mm	60,3 mm

ESQUEMA

1 - Coroa
2 - Alargador
3 - Testemunho
4 - Barrilete
5 - Cabeça do barrilete
6 - Tubo de lama
7 - Haste
8 - Revestimento
9 - Revestimento
10 - Cabeçote de alimentação
11 - Cabeçote de circulação
12 - Cabo
13 - Polia
14 - Tripé ou torre
15 - Guincho
16 - Motor
17 - Mangueira de pressão
18 - Bomba de lama
19 - Motor da bomba
20 - Mangueira
21 - Tanque de lama

Ref. Antiga firma Fundasa Engenharia de Fundações.

Há uma diferenciação entre esses tipos de solos por meio do enfoque físico-químico e das características coloidais que tornam extremamente complexa a interação entre os constituintes sólidos e líquidos dos solos; porém, sob o ponto de vista prático, essas complexidades podem não ser estudadas num primeiro estudo, como, por exemplo, o nosso.

Os solos orgânicos são os que apresentam as piores condições para fundação, obrigando a adoção de soluções mais complexas sob o ponto de vista teórico.

Lembramos aqui que n*em sempre soluções teóricas mais complexas implicam fundações mais onerosas*. Exemplo típico disso são os prédios da Baixada Santista apoiados sobre areia e argila orgânica (altamente compressíveis) com fundações normalmente executadas sobre radiers, em prédios com até 6 pavimentos.

Entenda-se: radier é um tipo de fundação composta por uma grande estrutura plana de concreto armado, onde os pilares descansam e se apoiam. Cabe à estrutura do radier transferir a carga dos pilares para o solo.

Esquema:

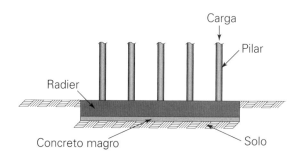

FICHA N.º 2 — SOLOS ARGILOSOS (BARRENTOS) – FUNDAÇÕES EM SOLOS ARGILOSOS

Se você estiver em terreno dito "barroso", se puder pegar e moldar peças com ele, se depois da chuva o terreno ficar duro nos sulcos, se o terreno tiver coloração fortemente avermelhada, você tem grande probabilidade de estar diante de um terreno argiloso. Pegue agora o terreno nas mãos (o "Mestre" Terzaghi[2] dizia que não dá para falar sobre solos sem os tocar) e veja as partículas que o constituem ao amassá-lo úmido na mão, que vai ficar suja, necessitando de água para limpá-la, ao contrário das areias. O solo argiloso seco não tem partículas, é pó e constituído de micropartículas invisíveis ao olho humano. Molhado, ele pode ser moldado, gerando formas estáveis.

Os solos argilosos caracterizam-se por:

- plasticidade: a argila molhada toma a forma que se quiser dar. Suas partículas têm atração entre si, permitindo manter essa forma.
- Impermeabilidade: as argilas são altamente impermeáveis, face ao pequeno diâmetro de suas partículas, o que impede a passagem da água.
- Coesão: nos solos argilosos há uma coesão que atrai suas partículas e que explica sua plasticidade.[3]

Consequências das características das obras em solos argilosos.

---

[2] Karl Terzaghi nasceu em Praga, em 2 de outubro de 1883, sendo considerado o pai da mecânica dos solos. Trabalhou grande parte da sua vida no Instituto Tecnológico de Massachusetts e na Universidade de Harvard.

[3] Num terreno que sofreu grande escavação por volta de um mês, são visíveis os dentes da peça que fez a escavação. Dá até para medir a espessura dos dentes e seu espaçamento; daí, conclui-se que o solo tem característica argilosa.

2.1 Escavação

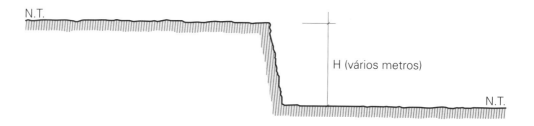

Corte, quase a prumo, é possível de ser feito em terrenos argilosos.

2.2 Infiltração de água

Escavações em terrenos argilosos não costumam oferecer problemas de alagamento por água do lençol freático, pois o líquido não infiltra com facilidade o terreno para a escavação.

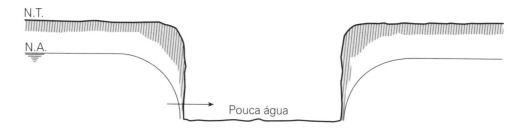

Escavações junto a rios – se o solo envolvente à escavação for argiloso, não deverá ter maiores vazões de infiltração. Se esta ocorrer, será pequena e a água pode ser retirada por baldes ou bombas simples de recalque, vazão de pequena intensidade (1). Se o solo fosse arenoso, haveria até inundações da vala e seriam necessárias muitas bombas e rebaixamento do lençol freático (2).

(1) esta situação chama-se esgotamento de água;

(2) esta situação chama-se rebaixamento do N.A (nível de água)

2.3 Recalques

Os recalques nos terrenos argilosos correspondem à redução do volume do terreno pela expulsão de água. Como essa expulsão é demorada (solo impermeável), os recalques nos terrenos argilosos evoluem com o tempo, e ocorrem só em longos períodos (o que não é bom).

Solos argilosos (barrentos) – fundações em solos argilosos

Há uma expressão muito comum na mecânica dos solos que diz:

> *"O néctar dos deuses é escavar em solos argilosos (baixos problemas com infiltração da água com escoramento nas valas) e fundear em solo arenoso".*

Esse conceito, basicamente, deve-se ao que se segue:

- os recalques nas areias são imediatos, ao contrário do que ocorre com as argilas, com o qual os recalques se processam lentamente (anos).
- os solos, quando confinados, ou seja, a alguma profundidade do nível do terreno (> 1,0 m) poderão ter sua resistência majorada.
- na fórmula apresentada no caso n.º 7, dos Engs. Decourt e Quaresma, verifica-se pela tabela n.º 2 que as estacas com a ponta em areia possuem suporte significativamente superior ao das argilas.

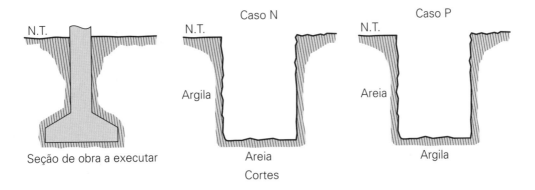

Seja a questão de termos de escavar para fazer uma sapata (ou tubulão)

Caso N = ideal – escavar em argila, apoiar em areia

Caso P = o menos desejável – escavar em areia, apoiar em argila.

- Em regiões argilosas, na seca, a argila fica extremamente dura, difícil às vezes até de ser quebrada com a mão.
- A argila queimada produz o material para feitura de tijolos, vasos, talhas de água e bonecos do Mestre Vitalino, lá do Nordeste do Brasil.
- Para aumentar a consistência das argilas, usamos a compactação e o controle de umidade.
- Aterros são compactados, assim, em camadas de 10 a 30 cm.
- Usamos para isso compactadores do tipo pés de carneiro.
- O SPT de um aterro bem compactado pode chegar de 10 a 12.
- As camadas de terra argilosa são compactadas com adição de água (caso mais comum).

O Eng. Luis Fernando Meirelles Carvalho fala agora:

"Os solos possuem uma estrutura constituída de sólidos, líquidos e gases. É importante esse entendimento a fim de compreendermos bem o seu comportamento. Um solo é um esqueleto sólido dentro d'água. Ao se aplicar uma carga nesse solo, parte será suportada pelo esqueleto sólido e parte pela água, que é chamada de pressão neutra. Pela característica impermeável da argila, a parte líquida em seu interior tem dificuldade de sair dele ao ser submetida a uma carga. Veja esquema a seguir:

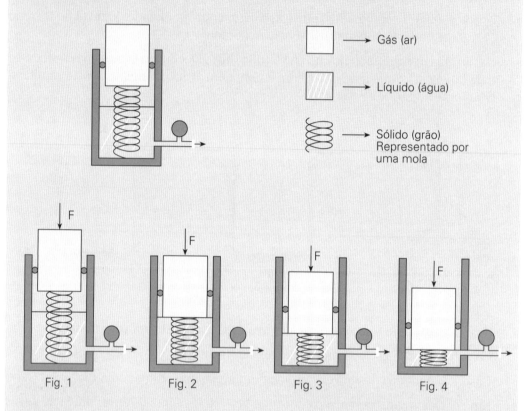

O desenho mostra o modelo do solo em seu estado de repouso na natureza. Na Figura 2, ao se aplicar a força, vemos a expulsão do ar e a compressão da estrutura sólida do solo; na Figura 3, o início da expulsão do liquido (água) do solo (veja que dependendo da maior ou menor permeabilidade do solo esta água terá maior ou menor dificuldade de sair).

Na Figura 4, a força aplicada é sustentada exclusivamente pela estrutura sólida, que não se deforma mais, embora ainda exista água em seu interior.

A coesão, característica fundamental das argilas, baseia-se no fato de forças intersticiais exercidas pela água – efeito de menisco. Observa-se que esse efeito é o conjunto da ação ar-água. As partículas de água mantêm os grãos ligados pelo efeito menisco, que faz a água subir nos tubos bem finos, acima da superfície da água. O ar tem a função de manter a água na posição original, ligando os grãos próximos.

Esse fato faz com que, ao se inundar o solo de água, a coesão caia a zero.

É por essa propriedade que as argilas podem ser escavadas até profundidades elevadas, a prumo, sem escorregarem.

Essa característica das argilas é exclusivamente pelo fato de sua granulometria ser muito baixa (5 micros), como visto anteriormente."

FICHA N.º 3 — FUNDAÇÕES EM SOLOS ARENOSOS

Os terrenos arenosos são o oposto dos terrenos argilosos. São permeáveis e não têm nenhuma coesão.

Consequências das características dos solos arenosos:

3.1 Escavação

Exige que se configurem superfícies inclinadas (taludes). Cortes verticais não seriam estáveis.

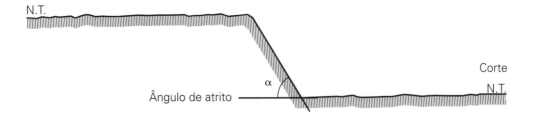

3.2 Infiltração de água

Escavação em terrenos arenosos nos quais o lençol freático é alto enfrenta o problema de a água invadir a escavação.

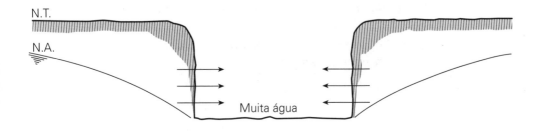

3.3 Recalques

Os recalques nos solos arenosos são imediatos.

Para entender mesmo a questão de solo arenoso e solo argiloso vamos narrar a história de uma bela solução de engenharia rodoviária:

Na região de Altinópolis – SP ocorre um trecho de "areião", quase deserto. Na época das chuvas, o areião tem alguma umidade, estabelecendo a chamada coesão fictícia, e o tráfego nas estradas de terra se dá sem problema. Quando chega o inverno, que é seco,[4] o terreno arenoso perde suas condições de dar suporte à passagem de carros. A coesão (desaparece a coesão fictícia) dada pela umidade foi-se!

A solução é jogar sobre a areia uma camada de solo argiloso, que é importada de local distante. Essa camada é compactada com controle de umidade e com isso não perde (ou perde pouco) sua umidade nesse período seco e fornece um piso consistente e razoavelmente adequado à passagem de carros. Esse exemplo verídico, dá uma boa ideia de como funcionam esses solos.

Em certas regiões argilosas, na seca, a estrada produz uma certa poeira, o que indica que a argila não estava só. Tinha má companhia. Era um solo argiloso-siltoso. Um solo é argiloso-siltoso quando nele predomina a característica argila sobre o silte e é silte-argiloso quando predomina o aspecto silte sobre a argila.

Nas areias, quando se quer compactar, usam-se compactador e vibrador. Uma demonstração de que vibração atua bem em solos arenosos pode ser feita enchendo-se pela metade uma garrafa com areia. Vibre a garrafa e você verá que a areia se compacta, diminui de volume, reduzindo o índice de vazios.

NOTAS SOBRE AS AREIAS

As areias – ao contrário das argilas –, ao serem escavadas, imediatamente escorregam sobre si mesmas e se acomodam de acordo com um ângulo natural de repouso, também chamado ângulo de atrito.

Veja-se o exemplo acima: um terreno arenoso, a fim de se adequar ao "greide" da estrada, obriga-nos a executar uma escavação e, ao realizarmos esse corte, ele já deve ser feito de acordo com o ângulo natural de repouso.

Esse ângulo de atrito pode ser obtido pelo ensaio simples de cisalhamento que mostramos no desenho a seguir:

---

[4] No sul do país, os meses de maio a agosto são os de menor pluviosidade e temperaturas mais baixas. É o inverno seco. Em São Joaquim, SC, nessa época, neva.

Fundações em solos arenosos

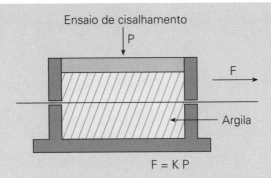

Ou seja, existe uma força F para cada carregamento P, sendo K a constante, então chamada de ângulo de atrito, pois:

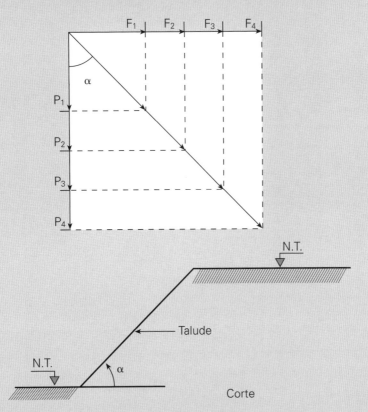

Verifica-se que para uma carga P nula, F também é nula, e diz-se então que os solos arenosos não possuem coesão responsável pela manutenção do estado de equilíbrio sem ação de força externa.

Normalmente o ângulo de atrito interno das areias varia de 30° a 45°.

O ângulo de atrito interno varia em função do:
- tipo de granulometria,
- grau de compactação.

FICHA N.º 4 — SOLOS SILTOSOS

O silte é o solo intermediário entre a areia e a argila. Dizem que é o "primo pobre" dos dois. Não tem as qualidades de nenhum deles, mas possui os defeitos de ambos.

Quando se passa por uma estrada não pavimentada e o pó não se levanta, estamos passando por uma estrada de solo argiloso ou arenoso (o exemplo máximo de estrada arenosa é passar com o carro numa praia). Quando o carro passa e levanta quantidade exagerada de pó, estamos num terreno siltoso. O silte tem partículas extremamente leves que são levantadas pela passagem do carro. O solo arenoso tem partículas extremamente pesadas para serem levantadas. O solo argiloso tem partículas muito leves, mas sua coesão impede um grande levantamento de pó.

Um método rústico, mas interessante para diferenciar solos siltosos de argilosos (que são à primeira vista parecidos, pelo tamanho microscópio de seus grãos) é o de sujar o dedo com esses solos. Se uma passagem de água lava imediatamente o dedo, então o solo é siltoso. Se, ao contrário, uma parte do solo "pegar" (coesão) o solo é argiloso.

O solo argiloso, por sua ambivalência, é o de mais difícil determinação de suas características (resistência, drenabilidade).

Na verdade, quase nunca se tem solo siltoso; ou se tem o solo siltoso-arenoso, ou siltoso-argiloso, e para efeitos práticos eles são tratados como argilas quando classificados como siltes argilosos, e como areias, quando siltes arenosos.

NOTA

Não fale tão mal dos solos siltosos. Uma enorme barragem de terra em Paraibuna, SP, retém as águas do Rio Paraíba do Sul e foi construída usando solos siltosos.

FICHA N.º 5 — TRANSMISSÃO DE CARGAS NOS SOLOS – BULBOS DE PRESSÕES

As cargas transmitidas pelas edificações aos solos tendem a se dissipar com a profundidade, ou seja, a partir de uma certa profundidade o terreno já não sofre mais a influência de cargas externas.

O croqui a seguir procura mostrar isso.

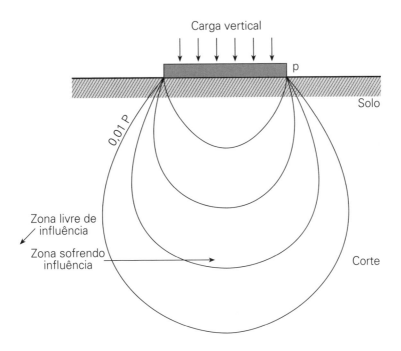

Notar que há uma propagação horizontal e vertical de cargas, gerando o cone de pressões.

NOTAS

1. A carga se distribui na horizontal e se dissipa na vertical. É o cone de cargas.

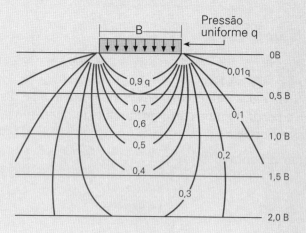

Vê-se por aí que, para uma carga de 20 t/m distribuída em uma sapata de 40 cm de largura (B = 0,40 m) à profundidade de 80 cm (2B), a tensão seria 0,3. 20 t/m = 6 t/m.

2. Quando temos dois prédios próximos, pode acontecer a soma das tensões de dois bulbos, agravando as condições de recalque diferencial.

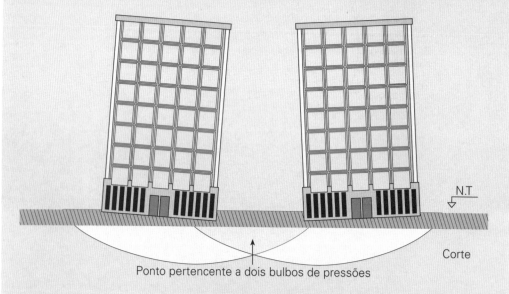

Lembrar que no caso de sapatas corridas o bulbo de tensões atinge profundidades bem maiores, da ordem de 6 vezes a largura das sapatas.

O famoso caso da Torre de Pisa, na Itália, também é um caso extremo de recalque diferencial.

Transmissão de cargas nos solos – bulbos de pressões 125

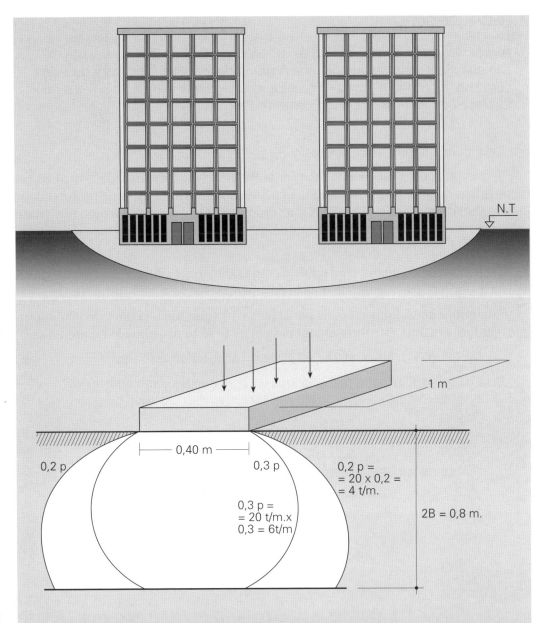

Como já foi falado, o bulbo de pressões representa a propagação das tensões nos solos subjacentes ao elemento de fundação, ou seja, fora do bulbo, as tensões se dissipam integralmente.

Evidentemente, a configuração do bulbo é variável de solo para solo, principalmente em função de sua heterogeneidade, característica importante dos solos de fundação.

Em função disso, há uma regra "de ouro" para uma aplicação prática.

REGRA DE OURO

A pressão máxima a ser aplicada no topo do terreno em que existe uma camada compressível, em alguma profundidade, deve fazer com que essa carga no terreno não exceda à metade da carga que seria admissível para a fundação direta nessa camada compressível.

Veja, por exemplo, o caso a seguir.

Temos uma placa recebendo uma carga P e vemos ao lado, metro a metro, as características do terreno (SPT – ver Ficha n.º 6). Notamos a 8 metros de profundidade uma camada compressível com SPT em torno de 6. Qual a carga máxima que posso aplicar no terreno? O problema a seguir explica a questão e o problema da camada compressível.

Tomemos como exemplo um edifício com as dimensões 40×30 m e peso equivalente a 1 t/m² por pavimento, de quinze pavimentos.

Admitimos que a fundação seja por sapatas e que uma esteja tão próxima à outra que elas formem uma estrutura única (radier). O peso total estimado do prédio será:

$$\sigma_a = \text{n.º de andares} \times 1{,}0 \text{ t/m}^2 = 15 \times 1 \text{ t/m}^2 = 15 \text{ t/m}^2$$

Essa carga se distribuirá por uma área de aproximadamente 40×30 m.

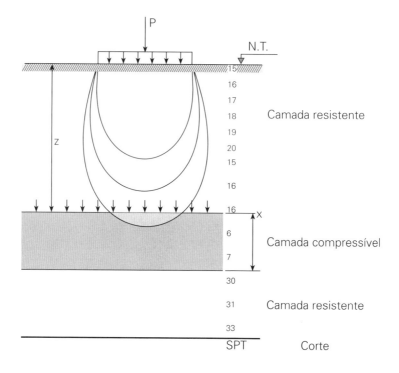

Transmissão de cargas nos solos – bulbos de pressões

A fórmula que dá a tensão no interior do solo a uma profundidade z é

$$\sigma_0 = \frac{P}{(L_1 + 2z \cdot tg\alpha) \cdot (L_2 \cdot 2z \cdot tg\alpha)}$$

em que:

P = carga total na fundação (em ton)

L_1 = largura da construção (em m)

L_2 = comprimento da construção (em m)

α = ângulo de espraiamento das tensões

$$(\alpha = 30° \therefore tg\ 30° = 0{,}58)$$

Calculemos a pressão que esse edifício causa na profundidade de 8,5 m, que é a profundidade na qual está a camada compressível. Logo:

Z = 8,5 m

L_1 = 30 m

L_2 = 40 m

$tg\alpha = tg\ 30° = 0{,}58$ carga P = 30 · 40 m · 15 t

Achamos 15 t (1 t/m²) · (quinze andares). Logo:

$$\sigma_0 = \frac{30 \cdot 40 \cdot 15}{(30 + 2 \cdot 8{,}5 \cdot 0{,}58) \cdot (40 + 2 \cdot 8{,}5 \cdot 0{,}58)} = 0{,}9 \text{ kg/cm}^2 = 9{,}0 \text{ t/m}^2$$

Logo, a tensão a 8,5 m de profundidade é 0,9 kg/cm². Pela "regra de ouro," para essa profundidade, a máxima tensão que poderia ocorrer seria a metade da tensão admissível caso fizéssemos nesse solo compressível uma fundação direta. Como está escrito na Ficha n.º 8, a tensão admissível em fundações diretas é:

$$\sigma = \frac{SPT}{5}$$

O SPT do solo compressível é 6 (válido entre 5 < SPT < 20).

Logo:

$$\sigma = \frac{6}{5} = 1{,}2 \text{ kg/cm}^2 = 12 \text{ t/m}^2$$

Pela "regra de ouro", a tensão não pode ultrapassar

$$\frac{1{,}2}{2} = 0{,}6 \text{ kg/cm}^2$$

No caso presente, a tensão que o prédio causará será de 0,9 kg/cm², portanto, inaceitável.

FICHA N.º 6 — SONDAGEM À PERCUSSÃO: O QUE É E COMO INTERPRETAR SEUS RESULTADOS

6.1 Preliminares

Para se conhecer o subsolo de um terreno, pode-se:

- cavar poços de exploração e entrar neles para ver in situ (no local) a evolução das camadas. É uma inspeção visual, tátil qualitativa, não quantitativa;
- usar trados que trazem para a superfície do terreno amostras (deformadas) dos solos. Há trados de concha e saca-rolha;
- visitar as obras das imediações para saber como elas se comportaram em sua relação com o terreno;
- executar obras-piloto de avaliação do terreno;
- executar ensaios com amostras extraídas ou provas de carga;
- fazer ensaio de percussão[5] (ensaio de simples reconhecimento).

Vamos nos concentrar nesse processo normatizado pela ABNT NBR-6484 e que corresponde à técnica mais usada hoje em dia no país.

Reprisamos o que já dissemos: o fato de se dispor de dados de sondagens de um terreno não exclui a necessidade de se fazer uma vistoria no local da obra.

Dados do amostrador SPT (o mais comum)

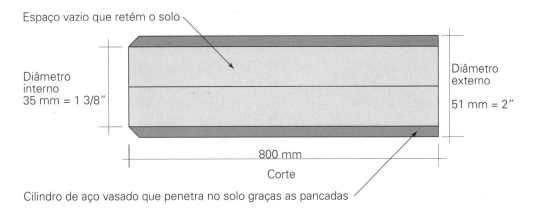

---

[5] Percussão = batida.

NORMAS:

NBR-8036 – Programação de sondagens de simples reconhecimento do solo para fundações de edifícios – Procedimento (SPT)

NBR-6484 – Solo – Sondagens de simples reconhecimentos com SPT – Método de ensaio

NOTA

Adquira as normas da ABNT no site: <www.abntcatalogo.com.br>.

Sondagem à percussão: o que é e como interpretar seus resultados

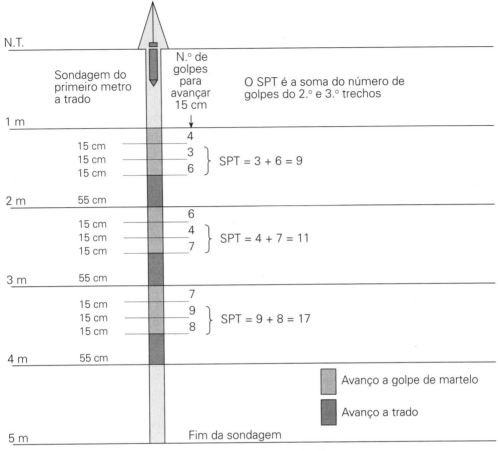

SPT – *Standard Penetration Test*
(Teste de penetração padrão)

NOTA HISTÓRICA

No Brasil, principalmente em São Paulo, o uso de sondagens SPT começou nos anos 1930 com o Eng. Odair Grilo do Instituto de Pesquisas Tecnológicas (IPT). Depois de ter participado do curso na Universidade de Harvard (EUA) com o professor Artur Casagrande e visitado o Professor Karl Terzaghi em Viena, o Eng. Grilo introduziu aqui o sistema de sondagem geotécnica – SPT como apoio a obras de pontes e pavimentação de estradas. Foi então implantado no IPT um laboratório para ensaios físicos e mecânicos de amostras de solos.

Interpretação de uma folha de sondagem

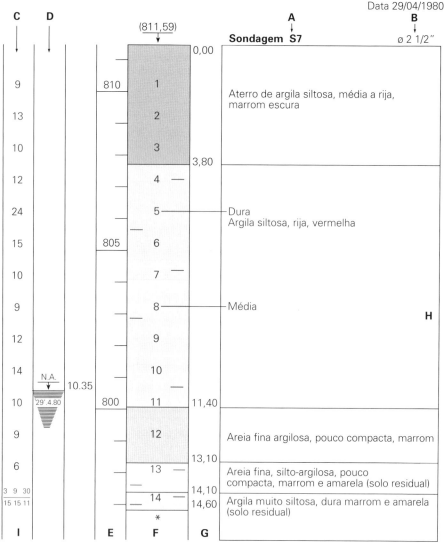

(*) Impenetrável à ferramenta de percussão

Interpretação

A. S – 7 – É o código desse furo de sondagem para esta obra.
B. 2½" – É o diâmetro do furo.
C. Indica a soma do número de golpes para descer o 2.º e o 3.º trecho de 15 cm depois de passar o 1.º trecho de 15 cm (cujo número de golpes não é considerado no cálculo). A somatória do número de golpes para vencer o 2.º e o 3.º trecho de cada metro é o convencionalmente adotado como a resistência à percussão (batida) do trecho de um metro. É o SPT (*Standard Penetration Test* – teste padrão de penetração) do trecho.

D. No dia da realização da sondagem (29/04/80), o nível d'água estava na cota de 10,35 m. Notar que, para efeito de previsão quanto à eventual existência ou não de água nas obras de fundação, a observação é boa, embora haja uma "nota" recomendando que, para maior certeza, é interessante abrir poço exploratório. O nível d'água indica a posição do líquido no buraco da sondagem. Não é umidade. É água mesmo.

E. Indica a altitude das camadas em relação ao nível do mar. Normalmente, as firmas de sondagem não dão altitudes, e sim profundidades, pois, para dar altitudes é necessário ter uma referência de nível, e trabalho de sondagem não é trabalho de topografia. No caso, a firma de sondagem "amarrou" suas cotas a um referencial de nível, disponível na obra.

F. As cinco camadas de solos encontrados estão indicadas nesta coluna, bem como suas profundidades (m). Notar a correspondência entre a profundidade (dentro de um quadrado) e a altitude à esquerda.

G. Indicação mais precisa (numericamente) das profundidades (m) de variação das camadas. Assim:

- Da cota 0,00 até a cota 3,80 m, o terreno é de aterro de argila siltosa, média a rija, marrom escura.
- Da cota 3,80 m até a cota 11,40 m, aparece argila siltosa rija vermelha.
- Na cota 14,62 m, o mostrador não mais penetrou. É impenetrável à percussão.

Pode ter encontrado, então:

- solo rochoso;
- pedra, matacão.

H. A classificação dos materiais é feita em laboratório por exame tátil visual, sem aparelho. Quem faz a classificação é um laboratorista, que, para dar as suas classificações, leva em conta:

- as amostras de solo (metro a metro) trazidas do ensaio;
- os resultados da percussão (o SPT);
- a interpretação da sondagem feita pelo mestre (que também escreve em seu relatório de campo sua interpretação do solo).

O laboratorista pode seguir ou não a opinião do sondador quanto à classificação.

NOTA

A data é importante em qualquer documento técnico. Em sondagens, permite saber se a época de realização era seca ou úmida.

Quando se tem o resultado de campo, o laboratório caracteriza os solos por:

Compacidade (grau de compactação) das areias e silte arenoso	
Tipo de areia ou silte arenoso	SPT
Fofa	0 — 4
Pouco compacta	5 — 8
Medianamente compacta	9 — 18
Compacta	19 — 40
Muito compacta	> 40

Notar que nas areias se mede o grau de compactação (compacidade), ou seja, se os grãos estão ou não juntos uns dos outros. Não se mede o grau de coesão, pois coesão, ligação, aderência e colagem são características típicas das argilas, e não das areias.

Consistência das argilas ou de silte argiloso	
Argila ou silte argiloso	SPT
Muito Mole	0 — 2
Mole	3 — 5
Média	6 — 10
Rija	11 — 19
Dura	> 19

Depois de vistos esses dois quadros, entendemos:

Compacidade: mede o grau de proximidade das partículas de um solo. É uma medida de solos granulares, solos particulados como as areias e dos siltes arenosos. Uma areia vibrada e socada reduz de volume, aumenta seu peso específico, mas não altera sua ligação interna e sua coesão, que não existem nesses solos.

Consistência: é uma medida de dureza, de coesibilidade de um solo argiloso ou de silte argiloso.

Notar que não existe conceito semelhante para o silte. O silte é arenoso ou argiloso. Não merece conceito ou quadro específico.

Número mínimo de sondagens

O número mínimo é:

- duas sondagens para edifícios cuja projeção em planta não exceda 200 m²;
- três sondagens (nunca em linha reta) para edifícios com área de projeção em planta entre 200 m² a 400 m². Para casos de edifícios com área em projeção em plantas maiores valem as regras:
  - uma sondagem para cada 200 m² de área em planta para áreas de até 1.200 m²;
  - uma sondagem a cada 400 m² para áreas que excedam 1.200 m² e inferiores a 2.400 m² e para a área excedente de 1.200 m².
- para prédios com área de planta superior a 2.400 m², estudar caso a caso.

6.2 Critérios para interrupção de sondagem

Pelas características da obra

Paralisar em solo de menor resistência, desde que com justificativa geotécnica (item 4.3.10 da NBR-6484). Obras com cargas muito baixas que, com os índices de penetração obtidos, justifiquem, por cálculos, uma paralisação.

Pelas características do terreno

O item 4.3.10 da NBR-6484 fornece os critérios para a parada de sondagens:

- quando em 3 metros sucessivos se obtiverem índices de penetração maiores do que 45/15;
- quando em 4 metros sucessivos forem obtidos índices de penetração entre 45/15 e 45/30;
- quando em 5 metros sucessivos forem obtidos índices de penetração entre 45/30 e 45/45.

6.3 Há sempre necessidade de sondagem?

Lá vai outra "historieta", aliás, as histórias nada mais são do que exemplos práticos que atestam as regras teóricas.

Para fixar um painel publicitário metálico com 8 metros de altura, decidiu-se por uma fundação em tubulão. O problema era que o tubulão tinha que propiciar um bom engastamento no terreno para equilibrar o momento fletor que o vento causava ao atuar sobre o painel. A carga vertical era pequena.

Na hora de executar esse tubulão (0,90 m de diâmetro e 5 m de profundidade), perguntou-se:

— Mas precisa fazer sondagem?

Quase se decidiu iniciar a escavação do tubulão sem sondagem, quando o engenheiro de solos argumentou:

— Com sondagem nós poderemos antever o tipo de solo (se é argiloso ou arenoso) e as consequências do lençol freático, que, se existente, atrapalharia ou não a escavação e a ocorrência de rochas ou matacões no local. A escavação de um tubulão é cara pelas suas dimensões (0,90 m de diâmetro). Pode ser que a 4 m tenhamos que parar a escavação por invasão de água e perder todo o trabalho. Não vale a pena fazer sondagem? Ela nos dará uma série de informações. As sondagens não fornecem apenas o SPT. Anteveem problemas e orientam métodos construtivos.

O dono da obra, pressionado pelos argumentos de uma pessoa experiente, concordou em fazer a sondagem.

6.4 Dicas práticas para classificar um solo

Um velho encarregado de sondagem preparou este roteiro prático de identificação de solos e o disponibilizou ao Eng. Meirelles quando este iniciava sua vida profissional. Por ser útil – e como homenagem a esse velho profissional –, anexamos sua mensagem:

"MACETES" PARA CLASSIFICAÇÃO TÁTIL VISUAL

Ao esfregar o material entre os dedos, perceberemos:
Areia – tamanho dos grãos (maiores) – cristais
   1) Não é plástica.
   2) É áspera.
   3) Não suja a mão.
Silte
   1) É plástico.
   2) Desliza na mão.
   3) Apresenta, geralmente, mica.
   4) Sempre contém caolim (argila branca).
   5) Suja a mão (talvez por causa do caolim).
Argila
   1) É muito plástica.
   2) Adere à mão.
   3) Tem granulometria muito fina.
   4) Suja a mão.

6.5 Número mínimo para sondagens (repetimos para enfatizar)

A norma NBR-8036 prescreve o número mínimo de sondagens à percussão em função da projeção da área construída de uma edificação. Vejamos:

Número mínimo de sondagens	Projeção da área construída (m²)
2	200 m²
3 a 4 (nunca em linha reta)	200 a 400 m²

Para edifícios com área em projeção maiores, deve-se ter um furo de sondagem para cada 200 m² até a área de 1.600 m² (oito furos).

Para áreas maiores, estudar caso a caso.

A procura da "verdade geotécnica" não se esgota em mandar fazer sondagens. Temos também que considerar:

- o que se descobre de uma inspeção visual do terreno;
- a conversa com os construtores da região;
- a análise crítica dos resultados desse mínimo de furos, que pode exigir novos furos;
- a verificação da qualidade do trabalho da firma de sondagem e da equipe específica designada para o trabalho;
- sondagens a trado ou por poço exploratório.
- acompanhamento das obras de fundação para verificar se eventualmente acontecem coisas estranhas. Locais com solos fracos, locais que liberam cheiro podem ser alertas para aprofundar e detalhar as pesquisas...

FICHA N.º 7 — O PROBLEMA DOS RECALQUES

Para compreender o comportamento das fundações em relação aos recalques, temos que dividir a análise em duas partes:

7.1 Recalques em solos argilosos e silte-argilosos

Os solos argilosos contêm três componentes: sólido, líquido e gasoso. Ao serem submetidos a carga, parte desta é sustentada pelo arcabouço sólido (tensão efetiva) e a outra, pelo líquido (pressão neutra). Aí ocorre o recalque imediato.

Na medida em que o solo é comprimido, a água migra para outra região do sub-solo (lentamente no caso das argilas, pois elas são bastante impermeáveis) e se dá o recalque, que é lento até haver a total expulsão da água do solo e até que a carga se transfira integralmente para o arcabouço sólido (esse processo, em solos argilosos, pode demorar meses ou anos).

O cálculo de previsão de recalques em argilas só é possível por meio de ensaios específicos para determinação de:

    E = índice de vazios;

    K = índice de compressibilidade;

    Po = carga de pré-adensamento.

O desenvolvimento teórico dessa situação encontra-se no livro *Fundações de edifícios*, do Prof. Milton Vargas.

Uma abordagem expedita desse tema o leitor pode encontrar na Ficha n.º 5.

Portanto, observamos aqui que o rebaixamento do lençol freático em solos argilosos – seja por poços de coleta de água ou rebaixamento para execução de escavações – pode acelerar o processo de recalque nas construções vizinhas.

7.2 Recalques em solos arenosos (e silte-arenosos)

As cargas aplicadas nesse tipo de solo se transferem instantaneamente para o arcabouço sólido, pois a água contida é expulsa instantaneamente (as areias são permeáveis); portanto nesse caso teremos recalques imediatos, o que é uma grande vantagem, pois, quando se aplicam com as cargas, o solo cede. Se o recalque trouxe problemas, estes são corrigidos ainda durante as obras, quando já ocorrem em 80% das cargas dos prédios. Nos solos argilosos, o recalque cresceria lentamente por anos.

No caso das areias, o rebaixamento do lençol freático também provoca recalques por dois motivos:

1. A saída de água provoca nas areias seu adensamento, pois o empuxo nas partículas sólidas deixará de existir.
2. A migração de finos do solo arenoso para junto dos pontos de bombeamento. Quando se bombeia, juntamente com a água são retiradas os finos do solo por falta de eficiência nos filtros drenantes, e os efeitos podem ser catastróficos. Ressalte-se aqui que mesmo nos solos argilosos (os solos nunca são puros) é necessária a adoção de filtros nos bombeamentos para evitar o mesmo efeito. Os recalques em areias podem ser estimados por ensaios de carga (esse ensaio está descrito na Ficha n.º 8).

FICHA N.º 8 — CAPACIDADE DE CARGA DOS SOLOS

Nesse aspecto, abordamos apenas a mecânica de funcionamento da capacidade de carga dos solos.

A ruptura do solo não ocorre, como em um material no estado sólido, com a quebra da estrutura do material, mas sim com um escorregamento interno do solo, como mostrado na figura a seguir:

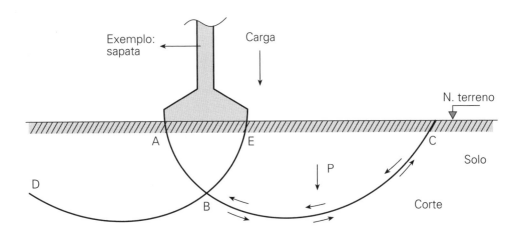

O solo é empurrado para o lado, provocando o deslizamento das superfícies ABC e EBD. A esse fenômeno dá-se o nome de "empuxo passivo".

As forças que agem ao longo dessas superfícies são determinadas a partir das características do subsolo e a ruptura se dá obviamente quando se rompe o equilíbrio de forças intervenientes no processo.[6]

Para determinação da taxa admissível do terreno, temos:

8.1 Fundações rasas

1. Métodos teóricos, como, por exemplo, o desenvolvido por Terzaghi e apresentado no livro *Mecânica dos solos e suas aplicações*, do Prof. Homero P. Caputo.

---

[6] Esse estudo do equilíbrio de forças foi desenvolvido por Terzachi.

2. Ensaio de prova de carga. Esse ensaio é feito mediante uma placa de 80 cm de diâmetro que é carregada crescentemente até a ruptura do solo, como mostrado a seguir:

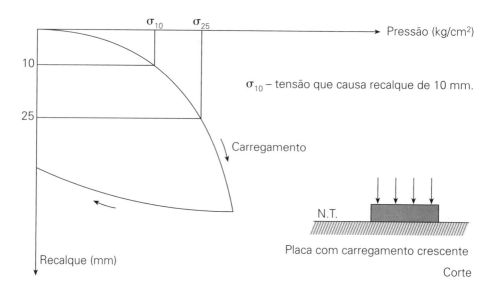

O valor da taxa a ser admitido será o menor entre os dois valores abaixo:

$$\sigma_{ad} = \sigma_{10}$$

$$\sigma_{ad} = \frac{\sigma_{25}}{2} \text{ ou } \frac{\sigma_{ruptura}}{2}$$

OBSERVAÇÃO

Deve ser verificado o terreno abaixo do local realização da prova de carga (camadas mais profundas) a fim de se certificar da não existência de terrenos compressíveis (ver Ficha n.º 5).

3. Por ensaios de sondagem à percussão, a obtenção da taxa admissível é feita através da fórmula abaixo:

$$\sigma = \frac{\text{Número de SPT}}{5} \ (kg/cm^2)$$

válido para: $5 \leq$ número do SPT ≤ 20

8.2 Fundações em estacas

1. Métodos teóricos desenvolvidos por Terzaghi e outros autores (também constam no livro do Prof. Homero P. Caputo).

Capacidade de carga dos solos

2. Por ensaios de prova de carga. Conforme gráfico abaixo, temos:

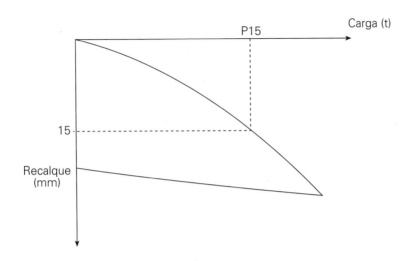

Adotaremos a menor entre as duas cargas abaixo:

$$P = \frac{P_r}{5} \quad P_r = P_{ruptura}$$

$$P = \frac{P_{15}}{1,5} \quad P_{15} = \text{Carga para um recalque de 15 mm}$$

3. Por ensaio de sondagem à percussão. O critério adotado para previsão do comprimento da estaca é o seguinte:

Devemos ter um comprimento de estaca que atravesse camadas de solos cujos SPT somados (número de golpes para descer 30 cm) atinjam de 70 a 80 golpes. A previsão acima deve ser comprovada pela "nega", ou seja, penetração da estaca no solo pela ação de 10 pancadas sucessivas do martelo do bate-estacas.

As condições usuais são:

Nega = 10-25 mm

Martelo = peso igual a uma vez o peso da estaca

Altura de queda do pilão = 70-100 cm

8.3 Para fundações profundas

1. Por métodos teóricos, igualmente desenvolvidos para fundações rasas.
2. Por provas de carga, também desenvolvidas para fundações rasas.
3. Por ensaios de sondagem.

OBSERVAÇÕES GERAIS

Aproveitaremos aqui para fazer a seguinte observação: a obtenção da taxa admissível para um solo por meio do ensaio de sondagens, resulta de correlações com provas de cargas e fórmulas teóricas como, por exemplo, a de Terzaghi. Essas correlações, como se viu acima, já limitam o recalque a valores bastante pequenos. Portanto, as taxas adotadas são determinadas pelos recalques máximos admissíveis (estado-limite de utilização), e não pelo estado limite de ruptura.

Observa-se também que os valores máximos admissíveis foram propostos em função dos valores máximos admitidos pela estrutura. Em tese, se toda fundação recalcar uniformemente, a estrutura nada sofrerá, salvo em relação aos elementos que lhe dão acesso, como rampas, escadarias, passadiços etc.

Já os recalques diferenciais poderão danificar integralmente a estrutura, introduzindo-lhe esforços não previstos. Em tese, as estruturas de concreto armado suportam recalques diferenciais da ordem de 2,5% do valor do vão entre pilares. Valores maiores criam problemas.

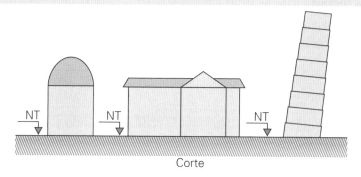

Corte

Um caso de recalque diferencial: em Pisa, Itália, existe a igreja principal, a torre e o batistério. Só no local da Torre o terreno cedeu em parte, nascendo a torre inclinada. Nada aconteceu com a igreja e o batistério e por causa disso, não ficaram famosos.

Batistério – prédio especial para batismos.
Torre ou chamado de campanário – local alto para instalar os sinos.

FICHA N.º 9 — TIPOS DE FUNDAÇÕES QUE USAREMOS

Neste nosso estudo dirigido a jovens profissionais, limitar-nos-emos aos tipos de fundações mais comuns em nosso meio, como mostrado no quadro a seguir:

Tipo de fundação	Características	Dimensões	Capacidade (tf)
Fundações diretas rasas	Sapata Sapata corrida	Variadas	Função das características do solo
Fundações por estacas (Fundação profunda)	Brocas (comprimento de 5 a 7 m)	D = 20 cm D = 25 cm	3 a 7 (comprimento de 5 a 7m)
	Estaca escavada com equipamento mecânico	D = 20 cm D = 25 cm D = 30 cm D = 40 a 80 cm	15 20 30 50 a 200
	Estacas Strauss	D = 25 cm D = 32 cm D = 38 cm	20 30 40
	Estacas de concreto (quadrada)	20 x 20 cm 25 x 25 cm 30 x 30 cm 35 x 35 cm	20 30 40 60
	Estacas de concreto circular vasada	D = 20 cm D = 23 cm D = 26 cm D = 33 cm	25 30 40 60
Fundação por tubulões	Escavação manual	f = 70 cm f = 80 cm f = 90 cm f = 100 cm f = fuste	190 250 310 390
Hélices contínuas	Escavação mecânica	D = 25 a 90 cm	20 a 320

9.1 Sapata

Quando o solo superficial é bom, o descarregamento dos pilares (ou das paredes) se faz diretamente nesse solo, usando-se um alargamento do pilar (que é a sapata).

O roteiro de construção é:

- abertura da vala;[7]
- lançamento de concreto magro (para proteger o concreto estrutural);
- montagem de formas, colocação de armaduras e concretagem;
- retirada das formas e limpeza geral;
- fechamento da vala (reaterro).

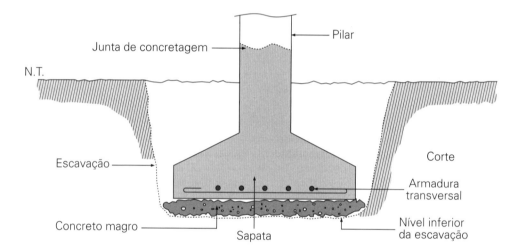

Considerações sobre o uso de sapatas:

- é um dos tipos de fundação mais usadas, por seu baixo custo e por não exigir equipamento especializado. É um exemplo típico de fundação rasa;
- sua vida útil pode ser comprometida por raízes, infiltrações de água (esgoto, águas pluviais) e formigueiros;
- a norma de concreto armado, NBR-6118/2007, em seu item 22.6, fala em sapatas rígidas e sapatas flexíveis. Deixemos essa classificação para o interesse do projetista do concreto armado;
- obras próximas que abaixem o lençol freático do terreno podem ocasionar recalques em sapatas apoiadas em solo arenoso (dão sinal logo) e solo argiloso (podem levar meses ou anos para dar sinal).

---

[7] Ver os cuidados de segurança da norma NR-18 do Ministério do Trabalho.

Quando a estrutura da casa utiliza as paredes de alvenaria como elemento estrutural resistente, as sapatas se prolongam ao longo dessas paredes, surgindo as sapatas contínuas. As sapatas contínuas são menos sensíveis a recalques diferenciais do que as sapatas isoladas.

Um dos problemas das sapatas é a construção de prédios nos limites da propriedade do terreno. Como não é possível invadir os terrenos dos vizinhos, é necessário usar o artifício da sapata excêntrica.

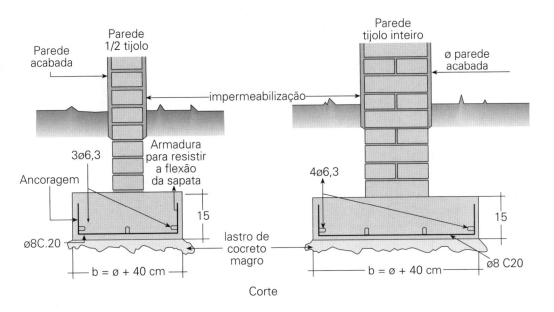

Entenda-se Ø8C.20 como barra de aço de 8 mm de diâmetro a cada 20 cm.

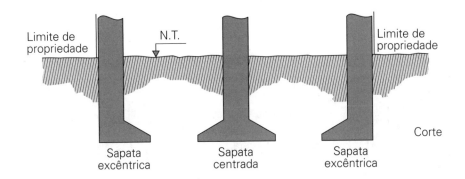

Obras próximas que abaixem o lençol freático podem ocasionar recalques em sapatas apoiadas em solos arenosos (foto da sapata a seguir).

Tudo está pronto, só esperando o lançamento do concreto. Obra bem feita e cuidadosa (obra do Eng. J. R. Valentini).

Vejam o detalhe do cuidado para que as armaduras verticais não saiam de sua posição na hora da concretagem (situação com grandes vibrações e movimentos): o construtor colocou duas tramelinhas junto às barras.

9.2 Brocas

Quando o terreno superficial não é resistente, temos que usar as camadas mais profundas. Uma técnica é a broca, escavação manual a trado com diâmetro de 20 a 30 cm feita com trado, podendo chegar a 7 m de profundidade. Sendo um tipo rudimentar de estacas, as brocas podem trabalhar:

- flutuando – quando o mais importante é o atrito lateral;
- de ponta – quando o mais importante é a reação da ponta.

Veja:

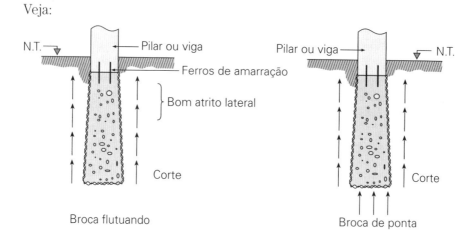

Considerações sobre o uso das brocas:

- não são aplicáveis onde os terrenos têm lençol de água muitos elevados;
- para grandes profundidades (> 7 m), é necessário tomar muito cuidado quanto à verticalidade do furo (prumo);
- a qualidade da estaca depende do atrito, "estaca × solo" e da qualidade do concreto. Cuidado com o lançamento do concreto de grandes alturas.

Trados para perfuração de brocas ou para sondagem expedida do terreno.

Agora o Eng. Meirelles deseja fazer mais algumas considerações:

- o comprimento usual das brocas é de 3 a 7 m, uma vez que até 3 m, o terreno, em princípio, deve ser muito fraco, pois caso contrário utilizaríamos sapatas diretas;
- brocas com mais de 7 m não são aconselháveis pela dificuldade de execução, pois o esforço para escavação já começa a se tornar muito grande, sendo preferível, e não adotar outros tipos de estacas (Strauss por exemplo). Esse limite, no entanto, depende muito do solo, pois, com solos superficiais muito fracos (SP = 2 a 3), a perfuração pode chegar a 8 ou 9 m, porém, acima desse valor, mesmo que se consiga executar o furo, poderemos ter problemas com sua verticalidade e a qualidade do concreto, que é lançado no furo sem revestimento; portanto, aconselha-se a limiar esse comprimento a 7 m.

A fórmula mais aplicada é a de Decourt-Quaresma, já explicitada no caso n.° 5. Essa fórmula, inicialmente desenvolvida para estacas pré-moldadas e Strauss, foi desenvolvida também para estacas tipo escavadas, raiz e de hélices contínuas e, basicamente, temos o livro de Waldemar Hachich et al. *Teoria e prática de fundações*, da Editora Pini.

OBSERVAÇÕES

1. *Muito embora haja uma redução nos valores dos coeficientes para atrito lateral para estacas escavadas a seco, o autor considera que para diâmetros abaixo de 32 cm a utilização dos coeficientes sem os redutores é plenamente aceitável.*
2. *Outra fórmula muito utilizada para hélices continuas é a do Eng. Urbano Alonso, que pode ser vista no site <www.geofix.com.br>.*

9.3 Estacas tipo Strauss

1. Características:

1.1 Classificação

As estacas moldadas no local, tipo Strauss, são estacas executadas com revestimento metálico recuperável, de ponta aberta, para permitir a escavação do solo. Pode ser em concreto simples ou armado.

1.2 Utilização

São usadas para resistir a esforços verticais de compressão, de tração ou, ainda, esforços horizontais conjugados ou não com esforços verticais.

1.3 As estacas Strauss estão disponíveis no mercado com cargas e características técnicas seguintes:

Capacidade de carga (t)	Diâmetro nominal (cm)	Diâmetro interno da tubulação (cm)	Distância mínima do eixo da estaca a divisa (cm)
20	25	20	15
30	32	25	20
40	38	30	25
60	45	38	30
90	55	48	35

1.4 Vantagens

A estaca Strauss apresenta vantagem pela leveza e simplicidade do equipamento que emprega. Com isso, pode ser utilizada em locais confinados, em terrenos acidentados ou ainda no interior de construções já existentes, com pé direito reduzido. O processo não causa vibrações, o que é de muita importância em obras em que as edificações vizinhas, dada a natureza do subsolo e de suas próprias deficiências, sofreriam danos sérios com essas vibrações.

2. Equipamento:

Consiste de um tripé de madeira ou de aço, um guincho acoplado a motor a explosão ou elétrico, uma sonda de percussão munida de válvula em sua extremidade inferior para retirada de terra, um soquete com aproximadamente 300 quilos, linhas de tubulação de aço, com elementos de 2 a 3 metros de comprimento, rosqueáveis entre si, um guincho manual para retirada da tubulação, além de roldanas, cabos e ferramentas (Figura 1).

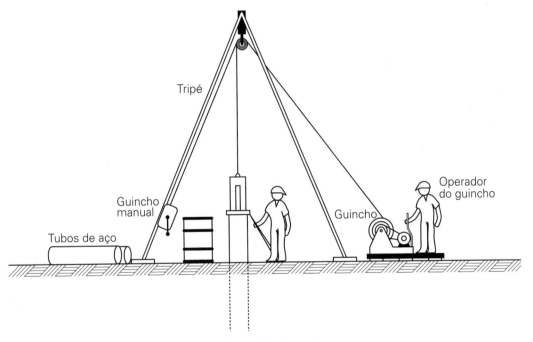

Figura 1 Descrição do equipamento.

3. Processo executivo:

3.1 Centralização da estaca

O tripé é localizado de tal maneira que o soquete preso ao cabo de aço fique centralizado no piquete de locação.

3.2 Início da perfuração

Com o soquete, é iniciada a perfuração até a profundidade de 1 a 2 metros, furo esse que servirá de guia para a introdução do primeiro tubo, dentado na extremidade inferior, chamado "coroa" (Figura 2).

3.3 Perfuração

Com a introdução da coroa, o soquete é substituído pela sonda de percussão, a qual, por golpes sucessivos, vai retirando o solo do interior e abaixo da coroa, e a mesma vai se introduzindo no terreno. Quando estiver toda cravada, é rosqueado o tubo seguinte, e assim por diante, até atingir uma camada de solo resistente e/ou que se tenha um comprimento de estaca considerado suficiente para garantia de carga de trabalho da mesma. A seguir, com a sonda, procede-se à limpeza da lama e da água acumulada durante a perfuração (Figuras 3 e 4).

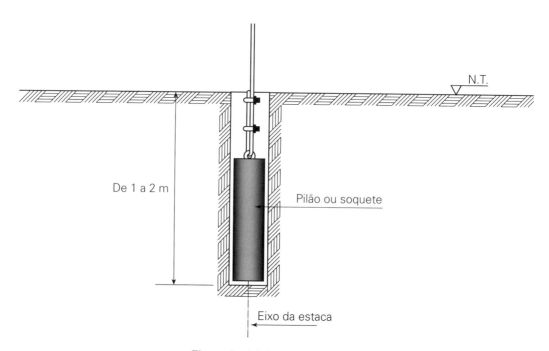

Figura 2   Início da perfuração.

Tipos de fundações que usaremos

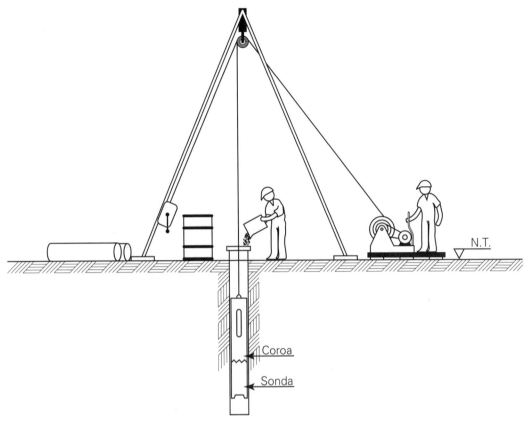

Figura 3 Colocação da coroa.

N.T. - nível do terreno

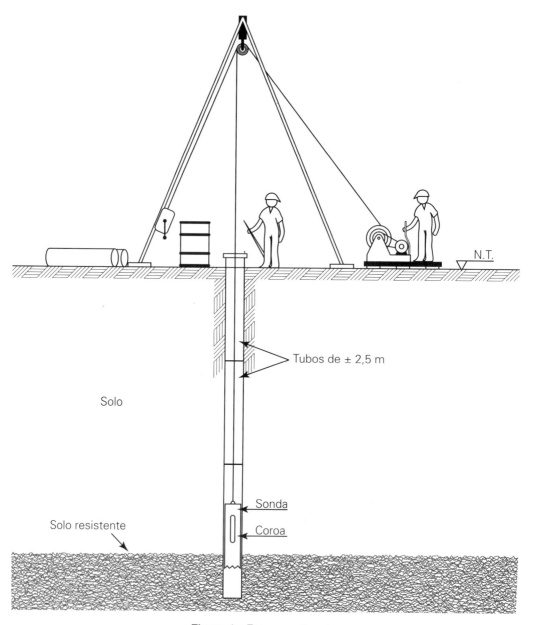

Figura 4   Estaca perfurada.

4. Concretagem:

4.1 Nessa etapa, a sonda é substituída pelo soquete.

É lançado concreto no tubo em quantidade suficiente para se ter uma coluna de aproximadamente 1 metro.

Sem puxar a tubulação, apiloa-se o concreto, formando uma espécia de bulbo (Figura 5).

Tipos de fundações que usaremos

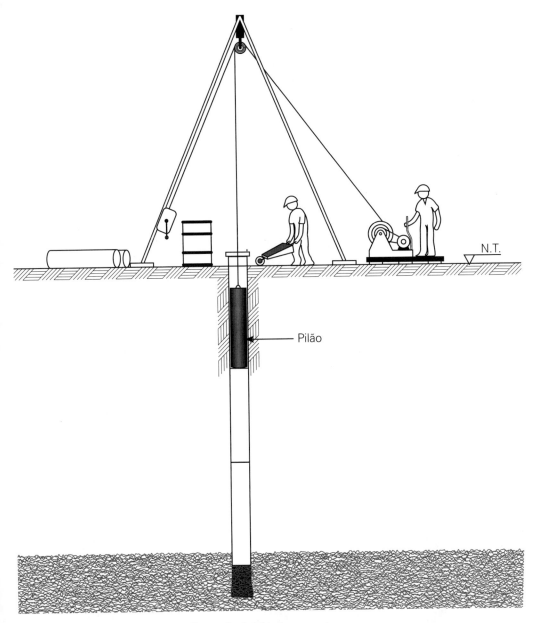

Figura 5   Início da concretagem.

4.2 Para execução do fuste, concreto é lançado dentro da tubulação e, à medida que é apiloado, esta vai sendo retirada com emprego de guincho manual (Figura 6).

Para garantia da continuidade do fuste, deve ser mantida, dentro da tubulação durante o apiloamento, uma coluna de concreto suficiente para que o fuste ocupe todo o espaço perfurado e eventuais vazios no subsolo.

Dessa forma, o pilão não tem possibilidade de entrar em contato com o solo da parede da estaca e provocar desbarrancamento e mistura de solo com o concreto.

4.3 A concretagem é feita até um pouco acima da cota e arrasamento da estaca, deixando-se um excesso para o corte da cabeça da estaca.

4.4 O concreto utilizado deve consumir, no mínimo, 300 quilos de cimento por metro cúbico e será de consistência plástica.

É importante frisar que a coluna de concreto plástico dentro das tubulações, por seu próprio peso, já tende a preencher a escavação e contrabalançar a pressão do lençol freático, se existente.

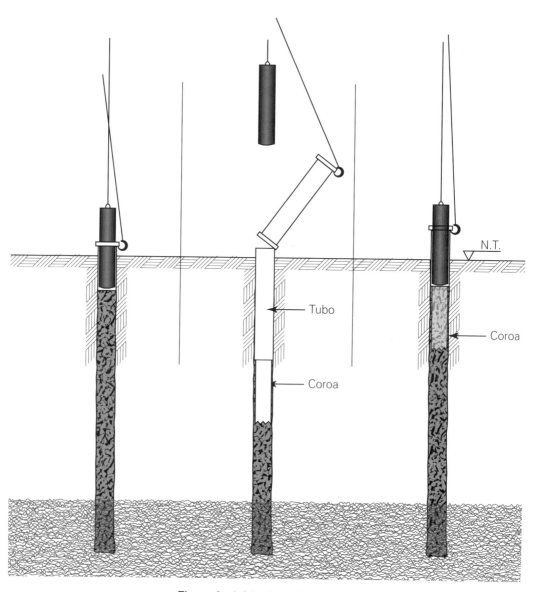

Figura 6 Início do apiloamento.

5. Colocação dos ferros:

A operação final será a colocação dos ferros de espera para amarração aos blocos e baldrames, sendo colocados quatro ferros isolados, com 2 metros de comprimento, que são simplesmente enfiados no concreto. Os ferros servirão apenas para ligação da estaca com o bloco ou o baldrame, não constituindo uma armação propriamente dita.

Quando houver necessidade de colocação da armação para resistir a esforços outros que não o de compressão, devem-se tomar os seguintes cuidados:

a) a bitola mínima para execução de estacas armadas é 32 cm;

b) os estribos devem ser espaçados por no mínimo 30 centímetros;

c) as armações não terão emendas até os 6 metros de comprimento, uma vez que os tripés usuais têm 7 metros de comprimento;

d) os estribos, sem ganchos, deverão ser firmemente amarrados aos ferros longitudinais e, se possível, não havendo prejuízo ao aço, soldados;

e) o concreto deverá ser francamente plástico, para vazar através da armação.

Armação: os dados a seguir são limitações para se garantir a perfeita concretagem da estaca. Armações mais pesadas poderão ser usadas em casos especiais.

Diâmetro da estaca (cm)	Diâmetro interno da tubulação (cm)	Diâmetro externo do estribo (cm)	Diâmetro do ferro do estribo (pol)	Diâmetro do ferro longitudinal (pol)	Quantidade de ferro longitudinal (barras)
32	25	22	1/4	3/8 e 1/2	4
38	30	27	1/4	1/2 e 5/8	6
45	38	35	1/4 a 3/8	5/8 e 3/4	6
55	48	43	1/4 a 3/8	5/8 e 1	8

OBSERVAÇÕES

- *Para as cargas que se propõem, é um dos tipos de fundação mais econômicas.*
- *Características no quadro de fundação (nesta ficha).*
- *É executado por firmas especializadas com endereços listados em revistas de construções.*
- *A medição do serviço é pelo comprimento cravado (existe um comprimento mínimo e uma taxa de mobilização do equipamento).*
- *Sua boa qualidade depende do operador da cravação e da concretagem.*
- *Em terreno abaixo do nível d'água, é perigosa em terreno arenoso, pois há risco de secionamento da estaca por invasão do solo.*
- *Previsão de comprimento por fórmulas teóricas ou empíricas baseadas em sondagens a percussão. O cálculo do comprimento pode ser visto no caso n.º 7 – parte 1.*
- *Sua execução é quase impraticável em terrenos muito moles (argilas orgânicas).*

O Eng. Meirelles quer fazer mais algumas considerações sobre estacas Strauss:

Por causa de seu método de execução, recomenda-se seu uso em:
- *solos coesivos com ou sem lençol freático alto. No caso de lençol freático alto, usa-se cravação com tubo de revestimento, pois esse tubo vedará totalmente a entrada de água na escavação;*
- *solos pouco coesivos e sem água. Usa-se, então, tubo de revestimento;*
- *em solos altamente coesivos (argilosos) e sem água, existe a possibilidade de executar a estaca sem revestimento;*

A execução de estacas Strauss com revestimento em solo pouco coesivo e com água não é recomendável, pois ao se sacar o tubo de revestimento uma operação mal conduzida pode provocar o secionamento da estaca (socagem do concreto x extração do tubo) e a penetração do solo na estaca;

- *a utilização dessa estaca é particularmente recomendável em terrenos que propiciam comprimentos variáveis de cravação (o uso da estaca pré-moldada redundaria em sobras excessivas).*
- *o comprimento da estaca Strauss não deve ir além de 15 m, pois comprimentos muito grandes implicam:*
- *– dificuldade de sacar tubo de revestimento;*
- *– desvio da verticalidade.*

Para cálculo da capacidade de carga, podemos utilizar a fórmula de Decourt-Quaresma

9.4 Estaca pré-moldada de concreto armado

Esse tipo de fundação trata-se de pilar esbelto de concreto (3 a 12 m) cravado no solo com um bate-estaca. Basicamente, coloca-se a estaca de pé apoiada num tripé, que, com o auxílio de um peso, içado por motor com cabo de aço, é deixado cair sobre a estaca e içado repetidas vezes. A estaca avança no interior do solo até atingir a cota de projeto e dar nega, se der.

Entende-se por nega o comprimento avançado pela estaca no solo pelo impacto de 10 pancadas do martelo. Esse comprimento varia em torno de 15 a 25 mm.

As características encontram-se na introdução desta ficha.

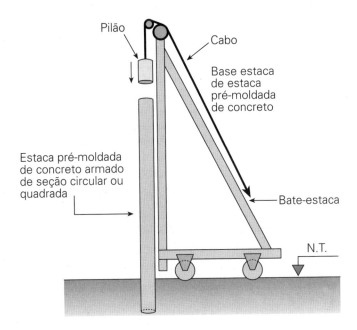

OBSERVAÇÕES

- *É um tipo de fundação mais sofisticada que as estacas Strauss descritas anteriormente.*
- *Seu uso é amplamente difundido e é econômica para as cargas que resiste.*

Para essas cargas, apenas as sapatas são mais econômicas que as estacas de concreto armado. São utilizadas para qualquer tipo de solo, com ou sem nível d'água elevado. Como exceção, a estaca de concreto não deve ser usada em terrenos com presença de matacões.

- *Ao contrário das sapatas, não é tão comprometida por solapamentos, por infiltrações de água superficial.*
- *Sua qualidade é comprovada mais facilmente que as demais, pelo acompanhamento da nega.*
- *Sua execução é feita por empresas especializadas que se encontram listadas em publicações do ramo (ver revistas de construção, páginas classificadas das listas telefônicas, sites da internet etc.).*

Um dos problemas do uso da estaca pré-moldada de concreto armado é a dificuldade de se prever o seu comprimento exato. Por melhor que seja a previsão, sempre ocorre uma divergência entre o previsto e o realizado, pela heterogeneidade do solo. Regras gerais têm que acertar o comprimento exato, fazendo pela nega:

- *encompridamentos da estaca pela colocação de mais trechos de estacas;*
- *quebras (arrasamento) de pedaços que sobram.*

Para se evitar a perda de estacas por previsão inadequada de comprimento, é usual comprar um pequeno lote e acompanhar cuidadosamente o estaqueamento desse primeiro lote, que fornecerá importantes subsídios para a compra e a cravação das outras estacas.

A previsão do comprimento das estacas pode ser feita por:
- *método empírico – o comprimento deve ser tal que a somatória dos SPT das camadas atravessadas resulte em um valor maior ou igual a 80. Essa regra é mais adequada para solos arenosos.*
- *método semiempírico – Fórmula dos Engs. Decourt-Quaresma, apresentada neste trabalho no caso n.º 7. Outra fórmula é a do Eng. Aoki-Velloso que pode ser encontrada no livro "Exercícios de fundações", do Eng. Urbano Rodrigues Alonso (Editora Blucher).*

9.5 Estacas escavadas a seco e estacas de hélices continuas

Para os esforços de momentos nas fundações, muito comum em galpões industriais e prédios altos, segue na pagina seguinte à distribuição as fórmulas para calcular as forças nas estacas em blocos de duas a cinco estacas.

Estacas escavadas a seco

São estacas que se aplicam somente para terrenos com nível de d'água bem distantes, do topo de terreno, portanto sua aplicação é bem limitada.

O equipamento normalmente é acoplado a um caminhão de um eixo e, portanto dá enorme mobilidade ao equipamento tanto na execução como na mobilização por não exigir outro caminhão para seu transporte.

Normalmente sua execução está limitada também a terrenos de SPT abaixo de 30 golpes.

Estacas de hélices contínuas

Estas estacas vieram inicialmente para substituir as estacas tipo Franki, porém, hoje em dia, substituem muito bem as estacas Strauss e pré-moldadas com equipamentos de menor porte, fácil locomoção e fácil mobilização para as obras.

Sua grande utilidade está nos terrenos com nível d'água próximo da superfície do terreno e solo de argilas mole a duras e areia fofa a muito compacta, o que lhe confere grande versalidade na maioria das obras.

Para os métodos executivos consultar os sites das empresas especializadas, basta digitar "hélices continuas" em um site de buscas que as empresas aparecerão na tela.

9.6 Hélices contínuas

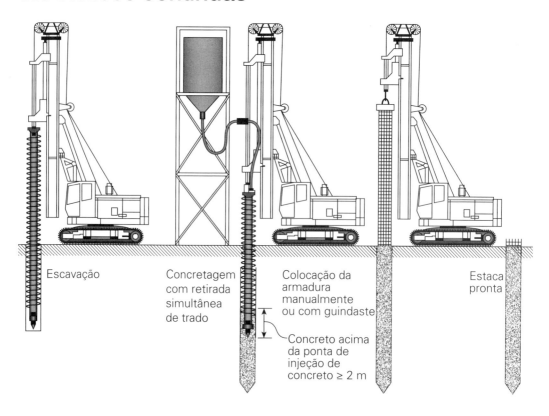

Estacas escavadas a seco

Tipos de fundações que usaremos

9.7 Tubulão a céu aberto

Tubulões a céu aberto são cilindros escavados manual ou mecanicamente no solo. Em seu término, executa-se[8] uma base conforme o esquema a seguir:

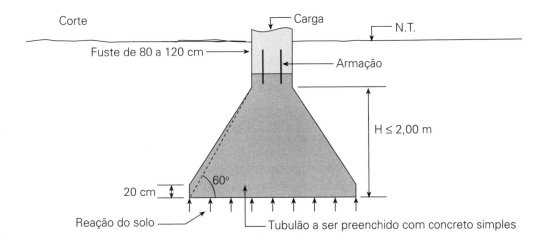

A base é escavada manualmente, após o que se processa a concretagem (fck ≥ 200 kg/cm²), e é armada a cabeça do tubulão.

As capacidades de carga do fuste são calculadas com base em uma taxa de 50 kg/cm² atuante no fuste. Para fck = 150 kg/cm² como:

$$\sigma_c = \frac{0,85 \cdot fck}{1,6 \cdot 1,4} \cong 56,9 \text{ kg/cm}^2 \qquad \text{Adotado 50 kg/cm}^2$$

ou seja:

Ø cm	A (cm²)	Capacidade (t)
70	3.850	192
80	5.024	251
90	6.358	317
100	7.850	392

Ø = diâmetro do fuste

A = área da base do tubulão

---

[8] Levar em conta os cuidados para a segurança do trabalho e a norma NR-18 do Ministério do Trabalho.

O dimensionamento da base é calculado como sapata não armada, com ângulo de espraiamento de 30° com a vertical.

A taxa do terreno é adotada com base nas sondagens e na inspeção do terreno de assentamento de base. O critério é dividir o SPT da camada por 5 e acrescer a pressão de terra sobrejacente à cota de assentamento, desde que garantida sua permanência, o que resulta na tensão admissível (kg/cm^2). Outro critério utilizado pelo Eng. Meirelles é:

σ = SPT/4, para apoio da base do tubulão até 10 m de profundidade;

σ = SPT/3, para apoio da base do tubulão acima de 10 m de profundidade.

NOTAS SOBRE TUBULÕES A CÉU ABERTO

- Para as cargas que ocorrem em prédios de média altura, é um tipo de fundação das mais econômicas, concorrendo até com sapatas.
- Quanto à confiabilidade da solução, sua comprovação é de fácil constatação por inspeção do terreno escavado, ou seja, dá para conhecer o terreno que servirá de suporte, coisa que não acontece com a solução estaca pré-moldada.
- Pode ser executado com mão de obra não especializada ou mecanicamente por empresas especializadas (trata-se de trado mecânico instalado em caminhão ou esteira). Ver lista de empresas em revistas do ramo.
- Sua execução dificilmente avança além do nível d'água (em argilas, um pouco; em areias, impossível). Em terrenos muito moles, reveste-se a escavação com tubos de concreto ou formas de madeira com anéis de aço.

Normalmente, o volume de concreto é maior que o teórico por problema de execução ou desbarrancamento.

Na ocorrência de desbarrancamento na concretagem, o volume certamente será menor que o teórico e o tubulão deve ser impugnado, se não houver a remoção do solo desbarrancado.

Como controle de obra, são importantes:
- verificação da verticalidade do furo (< 1%);
- verificação do concreto de preenchimento.

NOTA

- Quando o lençol freático é alto (por exemplo, no caso de fundações de pontes), usou-se muito no passado tubulão com ar comprimido, que expulsa ou impede a entrada de água no tubulão. É uma solução com baixo nível de segurança do trabalho e, portanto, criticável.

Tipos de fundações que usaremos

9.8 Tubulão com ar comprimido

O tubulão desse tipo é usado quando o lençol freático atrapalha (é muito alto).

Terminados, os tubulões a céu aberto e o construído com dispositivo de ar comprimido, se a geologia é a mesma e se forem geometricamente iguais, terão a mesma capacidade de carga.

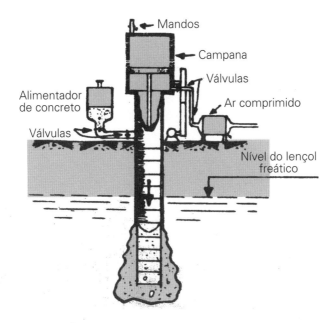

FICHA N.º 10 — CUSTOS DAS FUNDAÇÕES

O custo de uma fundação representa cerca de 5 a 10% do custo total da obra, sendo, portanto, uma parcela representativa.

A economia nessa fase da obra é a que representa o maior risco, pois de sua segurança e estabilidade depende de todo o edifício, diferente portanto do risco causado pelos acabamentos e instalações prediais.

Um bom projeto de fundações deve considerar basicamente três aspectos:

- análise técnica;
- análise econômica;
- análise executiva.

A análise técnica seria a verificação da estabilidade do projeto, por meio de cálculos e teorias que dispomos para projetos.

A análise econômica nesse tipo de projeto é fundamental pois, como veremos, em um mesmo edifício em determinado terreno, admite-se às vezes várias soluções tecnicamente viáveis e aí a solução escolhida será obviamente a mais econômica, que nem sempre é visível claramente, antes de uma análise orçamentária cuidadosa, sendo que essa análise é delicada, pois interferem:

- distância da obra de empresas especializadas (taxas de mobilização);
- disponibilidade de equipamentos na época da execução (especulação de preços);
- tamanho da obra (empresas especializadas, taxas de mobilização fixas independentemente do vulto da obra);
- soluções que implicam economia global na obra, por exemplo, utilização de estacas de maior capacidade de carga ou tubulões, diminuindo dessa forma o tamanho dos blocos de fundação.

Antes de se decidir por uma solução de fundação, devem-se analisar soluções construtivas que levem em conta:

- unidade de solução de fundações. Assim, se vamos usar sapatas em um trecho do prédio, devemos usar sempre que possível sapatas ao longo de todo o prédio.
- Analisar as consequências das obras de fundações (por exemplo, escavações de sapatas e vibração de cravação de estacas) nas obras das imediações.

FICHA N.º 11 — PROVAS DE CARGAS

A engenharia de construção civil possui várias normas relativas ao assunto prova de carga relacionadas com edificações.

A prova de carga é em sua essência um teste de carregamento progressivo com acompanhamento técnico pelo interessado, de maneira a ver como a estrutura (solo, fundações e superestrutura) responde a esses esforços.

Destaque-se preliminarmente que menos de 1% das construções do país fazem prova de carga, face a seu custo e à dificuldade prática de conseguir reproduzir na obra as cargas que existirão no futuro. Talvez só para pontes a prova de carga seja bastante usada.

Listemos as normas brasileiras relativas à prova de carga:

- NBR-6122/2010 – projeto e execução de fundações;
- NBR-6489 – prova de carga direta em terreno de fundação;
- NBR-9607 – prova de carga em estruturas de concreto armado e protendido;
- NBR-12.131 – estacas – prova de carga em estacas;
- NBR-13.208 – ensaio de carregamento dinâmico;
- NBR-6118 – projeto de estruturas de concreto.

Um dos mais famosos casos de prova de cargas para aceitação de fundações aconteceu em São Paulo nos anos 1930 no Edifício Martinelli, o mais famoso arranha-céu da época. As fundações (diretas) foram concebidas e executadas para atender a um prédio de 14 andares. Durante a construção, seu proprietário decidiu aumentar o número de andares e, então, a prefeitura não aceitou e exigiu prova de carga para demonstrar que as fundações aguentariam. A prova de carga foi efetuada e deu como resposta que os andares adicionais podiam ser acrescentados.

O imponente prédio ainda existe e continua belo e garboso no centro da cidade, junto ao Vale do Rio Anhangabaú e situado na Rua Libero Badaró e Rua São Bento.

Estando em São Paulo, não deixe de visitá-lo. Quase tudo usado na construção, como cimento, aço, material para instalações hidráulicas e elétricas, foi importado da Europa.

Uma nota triste sobre prova de carga: durante a realização da prova de carga dos enormes tubulões da Ponte Rio Niterói, houve uma falha de segurança e a estrutura foi a colapso, causando a morte de vários profissionais.

A prova de carga não deixa de ser uma concentradora de cargas e exige cuidados de segurança enormes.

Uma nota importante: a NBR-6122/2010 obriga que nas obras com mais de 100 estacas se executem provas de carga estacas e dinâmicas, ver item 9.2.2.1 dessa norma.

Edifício Martinelli, Rua São Bento, Centro, São Paulo, SP.

FICHA N.º 12 — CRÔNICAS SOBRE FUNDAÇÕES – REVOLVENDO CONCEITOS

As crônicas a seguir têm um único objetivo: explicar de forma amena alguns assuntos de engenharia de fundações. Às vezes, um caminho didático alternativo, como o uso de crônicas, permite iluminar e até revolver, com maior eficácia, um assunto que uma explicação tradicional, rotineira e massacrantemente tradicional não o faz.

12.1 A Bíblia e as fundações

Com atitude de respeito, relembremos o que a Bíblia nos ensina sobre fundações.

Lucas 6:48 e 6:49 "É semelhante a um homem que, edificando uma casa, cavou, abriu profunda vala, e pôs o alicerce sobre rocha; e vindo a enchente, o rio bateu com violência contra aquela casa e não a pode abalar, por ter sido bem construída.

Mas o que ouve e não pratica é semelhante a um homem que edificou uma casa sobre o chão, sem alicerces, contra a qual a torrente bateu fortemente e logo desabou: a ruína daquela casa foi grande."[9]

Lucas 14:29 "Para não suceder que, tendo lançado os alicerces e não a podendo acabar, todos os que o virem zombem dele.

Atos 16:26 "De repente, sobreveio tamanho terremoto, que sacudiu os alicerces da prisão; abriram-se todas as portas, e soltaram-se as cadeias de todos."

II Crônicas 3:3 "Foram estas as medidas dos alicerces que Salomão lançou para edificar a Casa de Deus: o comprimento em côvados, segundo o primitivo padrão, sessenta côvados e a largura vinte."

Esdras 3:10 "Quando os edificadores lançaram os alicerces do templo do SENHOR, apresentaram-se os sacerdotes, paramentados e com trombetas e os levitas, filhos de Asafe, com címbalos para louvarem o SENHOR, segundo as determinações de Davi, rei de Israel."

Esdras 3:11 "Cantavam alternadamente louvando e rendendo graças ao SENHOR, com estas palavras: Ele é bom, porque a sua misericórdia dura para sempre sobre Israel. E todo o povo jubilou com altas vozes, louvando ao SENHOR por se terem lançado os alicerces da sua casa."

---

[9] Conclusão: faça alicerces profundos com alto SPT.

Esdras 3:12 "Porém muitos dos sacerdotes e levitas e cabeças de famílias já idosos, que viram a primeira casa, choraram em alta voz quando à sua vista foram lançados os alicerces desta casa, muitos no entanto levantaram as vozes com gritos de alegria."

12.2 Falso relatório de sondagem

Eu (MHCB) era então um jovem engenheiro e recebi um relatório de sondagem de um terreno realizado por uma firma de sondagem desconhecida. Nesse terreno íamos construir uma fábrica. Levei a sondagem a meu chefe (Eng. Max Lothar Hess), pois, sendo um jovem profissional, eu apenas engatinhava no mundo das fundações. Meu chefe olhou, fez cara feia e declarou, para meu total espanto:

"essa sondagem não foi feita e os resultados foram chutados por alguém que nem malícia tecnológica tem. Não sabe nem enganar."

Fiquei surpreso, pois meu chefe não acompanhara a execução dessas sondagens. Como pode alguém só pelos resultados dizer o que ele disse? Tomei a liberdade de cutucá-lo e o homem era bravo e ao mesmo tempo excelente mestre. A resposta foi:

"Meu jovem discípulo, olhe com atenção e não caia na falha contada pelo poeta:

— você que passa e não olha

e quando olha não vê.

Note que o solo argiloso começa na precisa cota 8,00 m, o solo argilo-arenoso começa na precisa cota 12,00 m e o solo rochoso começa exatamente na cota 14,00 m. Como pode acontecer isso, essa precisão altimétrica na geologia?

Desconfio totalmente dessa sondagem. Vamos contratar uma outra firma de sondagem e você, meu caro engenheiro, vai acompanhar o dia a dia da turma de sondagem."

Como eu era jovem profissional perguntei a um colega mais velho se era ético um engenheiro formado com CREA como eu e, ficar fiscalizando obrinhas como uma sondagem e até tomando chuva.... Foi para isso que eu estudei na Cadeira de Cálculo Integral e Diferencial até integral dupla?

O colega mais velho respondeu:

"A engenharia é uma ciência experimental e você ganhará muito e a futura obra também, em cuidar de detalhes e trabalhos essencialmente experimentais como acompanhar, fiscalizando, sondagens, mesmo que isso suje seus sapatos e você tome chuva."

Eu ouvi, aceitei e acompanhei as sondagens.

Meu chefe, o Eng. Max, e meu colega estavam certos, rigorosamente certos e agora conto isso aos meus jovens leitores.

12.3 O teste do Mestre T.

O famoso mestre de engenharia de solos, Prof T., precisava escolher um aluno de um curso de especialização para iniciar a saga de ser seu assistente. Outros assistentes tinham ficado famosos e saíram pelo mundo a dar consultoria em grandes obras de barragens de terra e fundações. Tornaram-se aves soltas e independentes em seus voos solitários, mas bem maduros. Chegava a hora de reiniciar o processo de evolução e substituição. Formar novos profissionais. Três jovens e altamente capacitados engenheiros foram selecionados para um teste final, que resultaria na escolha de um. Os três ansiosos candidatos ficaram aguardando na antesala do laboratório de solos, onde o mestre T. colocara num prato, uma amostra de um solo.

O primeiro candidato (ordem alfabética de chamada) foi convidado a entrar, fechar a porta e responder a uma pergunta aparentemente simples do mestre T.:

"Que tipo de solo está neste prato?"

O candidato olhou, deu a volta na mesa para olhar com outro ângulo (detalhes são importantes) e declarou:

"Com base na informação disponível, acho que o solo é sensivelmente argilo-arenoso. A existência de areia é indiscutível, pois, batendo a luz do sol em pequenos pedaços de areia, eles a refletem."

O mestre T. agradeceu e dispensou o candidato n.° 1, que saiu e chamou o candidato n.° 2:

A mesma pergunta foi feita e a resposta do candidato n.° 2, depois de olhar bem e chegando bem perto, quase para auscultar algum cheiro, foi:

"Solo tendendo a ser argilo-arenoso ou podendo ser areno-argiloso."

O candidato n.° 2 foi dispensado sem comentários e foi chamado o candidato n.° 3.

Este, elegantemente vestido como os outros dois, arregaçou as mangas de sua fina camisa de cambraia inglesa e começou a mexer, sentir, sujar as mãos[10] e até a brincar com o solo.

Antes de o candidato n.° 3 dizer sua opinião sobre o solo, o Mestre T. avisou:

"Já escolhi meu novo assistente de mecânica dos solos e fundações. Quem não põe a mão em um solo não pode interpretar sua origem, e só um dos três candidatos fez isso."

Claro, foi escolhido o candidato n.° 3

---

[10] O que confirma que algo de argiloso o solo devia ser, pois areia não suja as mãos.

12.4 A cidade das brocas

O nome da cidade eu não me lembro, mas do caso eu me lembro.

Numa pequena média cidade (uns 30.000 hab.) do interior do Estado de São Paulo, havia uma tradição. Todas as casas, supermercados e até as pequenas obras públicas municipais usavam brocas como solução de fundações. Qual a razão? Há uns dez anos, um engenheiro usou fundações diretas com sapatas na construção de edifício térreo municipal e a obra foi em cima de um velho lixão, abandonado e esquecido. Construir sem sondagens era a regra, mas agora o fato resultara escandaloso pois o prédio ficou com muitas fissuras e com isso as fofocas da cidade julgaram e decidiram:

"Nesta cidade, todas as obras tem que ter brocas."

Assim era a verdade local.

Visitei essa cidade e fui fazer uma inspeção numa casa térrea de alto padrão sendo construída em cima de um morro, em terreno sem nenhum aterro. Os empregados da obra estavam molhados de suor para fazer a escavação inicial das brocas. Conforme a profundidade aumentava, tudo indicava que a dificuldade aumentaria. Era seguramente um terreno argiloso duríssimo, que quase que impedia a escavação das brocas usando trados.

Era visível que uma fundação direta com simples alicerces era não só a solução mais simples e econômica, mas talvez a única solução possível, pois com trado manual não se conseguia escavar quase nada. Sugeri então ao colega engenheiro da cidade o uso de fundação direta e este suspirou e falou:

"Eu sei que aqui a fundação direta é a solução correta, mas, se eu adotar essa solução, até o padre na missa de domingo das 11h da manhã é capaz de criticar, e aí eu não poderei mais trabalhar na cidade."

Fiz então uma pergunta cruel:

"E se você numa outra obra encontrar um solo rochoso, com aquele basalto íntegro, brilhante e ultrarresistente, como você faria?"

A resposta, um tanto irônica, foi:

"Contrato uma firma de São Paulo de sondagem rotativa com broca de diamante, faço os furos das brocas no basalto, faço depois um concretinho virado à mão e lanço no buraco no basalto. O mercado assim o exige..."

Caro leitor. Espero que você nunca encontre essa situação e nem faça o que esse engenheiro, de forma crítica, disse que faria.

Final feliz. Encontrei esse engenheiro numa feira de construção. Ele não trabalha mais na cidade e nunca encontrou um terreno tão ruim (!!!!!!!!!!!!!!!!) para fundação como rocha basáltica íntegra e brilhante....

NOTA

- Como é totalmente compreensível, não é possível usar o conceito de SPT para rochas, pois ele está ligado à penetração e, em rocha, não há, com o equipamento de penetração do SPT, condições de penetrar nem milímetros... Mas, se pudesse, e em termos irônicos, o SPT de rocha basáltica, íntegra, brilhante seria algo como SPT >>>>>>1.000.

A perfuração de uma rocha exige sondagem rotativa com diamante, mas, no caso de fundações, estas devem ser assentadas sobre a rocha sem escavação.

12.5 Usando a marreta do Seu Luizinho para sondar um terreno

Recebi de um leitor a carta que se segue. Pela irreverência tecnológica prefiro nem dar o nome do missivista.

> "Sou João, um engenheiro civil recém-formado. Fui fazer obras pequenas e médias por este país. Algo estranho aconteceu quando fui trabalhar com o mestre de obras, Seu Luizinho, paraibano dos bons. Contemos a história. Sempre mandei fazer sondagens em minhas obras, ou melhor, em cerca de 70% delas, e em geral tive sorte de poder escolher fundações diretas com alicerces ou com sapatas de concreto armado. Numa delas, um grande supermercado. Seu Luizinho, antes de começar as obras, fazia uma espécie de ritual religioso. Ele tinha uma grande mala preta da qual tirava com o maior cuidado pedaços de cano de ferro galvanizado de cor preta com comprimentos, cada um de cerca de um metro, tubos já rosqueados nas duas extremidades. Cada cano de ferro era de 11/2", tipo pesado. Além disso, a misteriosa mala trazia uma marreta de aço fundido de 1 kg de massa. Em todo o terreno, Seu Luizinho, sem pedir autorização a mim, engenheiro formado, cravava com a marreta seus tubos. Seu Luizinho tinha também luvas de acoplamento dos vários trechos de tubo de 11/2"."

Um detalhe: a marreta era velha, bem velha, mostrando os sinais de muito, muito uso.

Perguntei ao Seu Luizinho por que ele fazia uso de um equipamento tão não convencional e ele só sorria. Procurei em normas a recomendação desse material e nada achei, e, para mim, o que não está nas normas não existe.

Menosprezei o ato de o Seu Luizinho fazer sua cerimônia litúrgica de auscultação não convencional do solo quando, numa obra de fundação por sapatas (com sondagens), Seu Luizinho veio falar comigo, bem assustado. Disse ele:

> "Meu equipamento captou um solo ruim debaixo de uma das sapatas. Vamos ter que escavar e trocar o solo nesse ponto."

As sondagens SPT não previram isso, terminou ele num tom de crítica a mim, engenheiro formado e com desejo de fazer mestrado e quem sabe um MBA. Um profissional formado pela vida querendo dar lições a um doutor, é o fim do mundo.

A que ponto chegamos... Mas fui visitar o local e o Seu Luizinho, usando sua geringonça, mostrou que logo depois de dois metros de profundidade o terreno era muito ruim. Escavamos e realmente descobrimos uma lente de solo turfoso. Trocamos, é lógico, esse solo e o Seu Luizinho entrou dentro da vala com dois metros de profundidade e triunfantemente usou seu equipamento, que nada de mal então acusou. Apoiado, quem diria, também nas informações do equipamento do Seu Luizinho, fizemos as fundações, o prédio foi terminado e está sendo usado, sem problemas.

Conversei anos depois com um especialista de fundações e professor dessa matéria sobre o fato e ele me esclareceu:

"Nós, do mundo da tecnologia, estamos à procura de uma verdade econômica. Nós não estamos à procura de uma verdade filosófica nem à procura de outros tipos de verdades. Quem procura essas outras verdades são os físicos e os filósofos."

Podemos e devemos usar métodos simples, sabendo tirar partido do que esses métodos nos dizem. Métodos simples regra geral nos orientam na procura da não aceitação e não na procura da aceitação. Todos os livros e professores ensinam, como se verdade fosse, que devemos antes de fazer ou opinar sobre uma obra vistoriar essa obra. Haverá algo mais rústico do que uma inspeção visual? Dá para acreditar nas conclusões de uma inspeção visual? Dá, se os resultados forem negativos. Se eu vou comprar um prédio de escritórios para meu cliente e esse prédio está com trincas, flechas enormes e armadura exposta, posso ou não concluir que o prédio é uma porcaria????? Claro que posso. O que não posso é com uma inspeção visual concluir que o prédio é bom e perfeito. O mesmo vale para a famosa esclerometria, técnica de uso de um revolver à mola, atirando contra partes de estrutura de concreto. Se os resultados forem bons com a esclerometria, permanece a dúvida, mas, se os resultados forem péssimos, o prédio tem estrutura seguramente péssima.

Essa é a explicação do dispositivo do Seu Luizinho (por que não chamá-lo de LFE – *Louis Fast Equipment*?): o teste avisa o que é ruim, mas não pode dar informações sobre o que é bom.

Aprendi muito com Seu Luizinho e seu equipamento e cheguei a pensar em ter um equipamento para mim, e então pedi ao Seu Luizinho (ou agora seria Mr. Louis?) as especificações de seu equipamento. O que ele forneceu é o seguinte:

- tubo de ferro galvanizado 1 1/2" pintado na cor preta. Comprimento máximo de cada trecho do tubo da ordem de 1 m;
- marreta velha, sextavada, de 1 kg de massa e com mais de 15 anos de uso intenso.

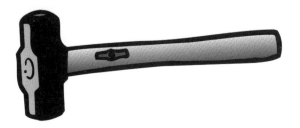

Perguntei, por fim, e humildemente ao Seu Luizinho, o autor da norma, digo, da especificação do LFE .

"Por que a marreta sextavada de 1 kg tem que ser velha e no seu caso o senhor usa uma muito sofrida e gasta?"

Seu Luizinho pensou e respondeu:

"Aprendi com experientes engenheiros. A marreta tem que ser velha, velha mesmo, e muito usada, porque, em mecânica dos solos, a experiência vale muito..."

NOTA

• As crônicas apresentadas têm o objetivo de mostrar as realidades tecnológicas do dia a dia num tom crítico, irônico e multifacetado. Aliás, como diz um famoso livro:
"Na casa do meu pai, há várias moradas..."

FICHA N.º 13 — FÓRMULAS

13.1 Decourt-Quaresma

$$F_{adm} = \left(\frac{P \times L \frac{(SPT)}{3} + 1}{1,3}\right) + \frac{A \times SPT \times \beta}{4}$$

Estacas pré-moldadas	
Substrato	β
Argilas	12
Siltes argilosos	20
Siltes arenosos	25
Areia	40

Estacas moldadas *in loco*	
Substrato	β
Argilas	10
Siltes argilosos	12
Siltes arenosos	14
Areia	20

Para estacas pré-moldadas de qualquer diâmetro e moldadas *in loco* para diâmetros de até 30 cm.

Para estacas moldadas de diâmetro > 30 cm, utilizar:

$$F_{adm} = \left[\frac{P \times L \frac{(SPT)}{3} + 1}{1,3}\right] \times \alpha + \frac{A \times SPT \times \beta}{4}$$

Estacas moldadas *in loco*	
Substrato	α
Argilas	0,8
Siltes argilosos	0,65
Siltes arenosos	0,65
Areia	0,5

Substrato	Estacas moldadas *in loco* β	Estacas cravadas α
Argilas	10	12
Siltes argilosos	12	20
Siltes arenosos	14	25
Areais	20	40

13.2 Fórmula Urbano Alonso – estacas de hélices contínuas

$Pr = P1 + Pp$

Sendo:

$P1 = P \times L \times ri$

P = perímetro da estaca

L = comprimento da estaca

$$ri = 0{,}65 \times \frac{10 \times 1{,}2 \times SPT}{(0{,}41 \times h) - 0{,}032} \, tf/m^2$$

sendo h (em cm) para penetração de 45 cm.

$$Rp = \frac{1{,}2 \times SPT}{2}$$

$$Pp = A \times rp = A \times \beta \times \frac{SPTM1 + SPTM2}{2}$$

SPTM1 = média dos 3 SPT abaixo da ponta

SPTM2 = média dos 8 SPT acima da ponta

sendo SPT o número de golpes do ensaio.

Estacas hélice	tf/m²
Substrato	β
Argilas	10
Siltes	15
Areia	20

Traduzindo em miúdos, temos:

$$Pr = LXP(SPT \times 0,4235) + A \times \beta \times 1,2 \times \frac{(SPTM + SPTM2)}{2}$$

sendo:

Pr = tf;

P = perímetro da estaca;

L = comprimento útil da estaca;

A = área da ponta da estaca.

13.3 Fórmula Decourt-Quaresma para estacas de hélices contínuas

$$F_{adm} \frac{P \times L\left(\frac{(SPT)}{3} + 1\right)}{1,3} + \frac{A \times SPT \times \beta \times 0,3}{4}$$

β = de estacas moldadas in loco.

13.4 Observações sobre as fórmulas

- Sempre se deve limitar o número do SPT nas fórmulas a 50.
- Quando SPT < 1 sugere-se zerar na fórmula.
- Na fórmula do Decourt-Quaresma ∅ abaixo de 30 a 32 cm pode-se utilizar o α igual a um.
- A vantagem das estacas pré-moldadas é a grande resistência de ponta. Portanto, em terrenos como da sondagem N.º 2 essa vantagem é flagrante.

- Lembrar que é sempre conveniente solicitar a executores de estacas de qualquer dos tipos que opinem sobre a capacidade executiva de seus equipamentos com relação às sondagens de projeto.

Lembrar também que estacas escavadas e Strauss podem ter problemas de execução em solos de argilas muito moles e areias muito fofas com relação a desmoronamentos das perfurações.

FICHA N.º 14 — DIMENSIONAMENTO ESTRUTURAL DAS ESTACAS

- Obedecer ao item 8.6.3 da NBR-6122/2010.
- No caso de estacas pré-moldadas, consultar os catálogos das empresas executoras (lembrar que essas cargas são estruturais, e não representam a capacidade geotecnica).
- Para as estacas escavadas, seguir a recomendação do item acima da norma para dimensionar a quantidade de ferros de ligação entre a estaca e o bloco, entrando o comprimento de transpasse nas estacas.

FICHA N.º 15 — OBSERVAÇÕES E DESTAQUES DA NBR-6122/2010

1. Na introdução, a atual Norma se difere fundamentalmente da anterior por separar a parte de projeto da parte de execução das fundações. A parte de execução está apresentada na forma de Anexos separados para cada tipo de fundação.

2. Em Nota 1 do item 1 – Escopo, reconhece-se que a engenharia de fundações "não é uma ciência exata e que riscos são inerentes a toda e qualquer atividade que envolva fenômenos ou matérias da natureza".

3. Item 5.3 – o efeito favorável da subpressão no alívio de cargas nas fundações não pode ser considerado.

4. Item 5.6 – os blocos de coroamento ou sapatas devem acrescer 5% na carga vertical permanente proveniente da estrutura.

5. Item 5.7 – quando ocorre uma redução da carga em razão da utilização de viga-alavanca, a fundação deve ser dimensionada, considerando-se apenas 50% dessa redução, se resultar em tração, suportar a totalidade dessa tração e 50% da carga de compressão do pilar.

6. Item 6.2.1.1.4 – fator de segurança global para verificação de flutuação, deve ser observado um fator de segurança global de no mínimo 1,1.

7. Item 6.3.1 – os valores de tensão admissível de sapatas e estacas e tubulões e cargas admissíveis em estacas podem ser majoradas em 30%.

8. Item 7.6.2 – uma fundação quando é solicitada por carga excêntrica se estiver submetida a qualquer composição de forças que incluam ou gerem momentos na fundação. O dimensionamento geotécnico de uma fundação superficial solicitada por carregamento excêntrico deve ser feito considerando-se que o solo é um elemento não resistente à tração para cargas excêntricas, e no dimensionamento da fundação superficial, a área comprimida deve ser no mínimo 2/3 da área total. Deve-se assegurar, ainda, que a tensão máxima de borda seja menor ou igual à tensão admissível ou à tensão resistente de projeto.

9. Item 7.6.3 – para equilibrar a força horizontal que atua sobre uma fundação em sapata ou bloco, pode-se contar com o empuxo passivo, desde que se assegure que o solo não venha a ser removido, além da resistência ao cisalhamento no contato solo-sapata. O valor calculado do empuxo passivo deve ser reduzido por um coeficiente de no mínimo 2,0, visando limitar deformações.

10. Item 7.7.1 – em planta, as sapatas isoladas ou os blocos não devem ter dimensões inferiores a 0,60 m.

11. Item 7.7.2 – nas divisas com terrenos vizinhos, salvo quando a fundação for assente sobre rocha, tal profundidade não deve ser inferior a 1,5 m. Em casos de obras cujas sapatas ou blocos estejam majoritariamente previstas com dimensões inferiores a 1,0 m, essa profundidade mínima pode ser reduzida. A cota de apoio de uma fundação deve ser tal que assegure que a capacidade de suporte do solo de apoio não seja influenciada pelas variações sazonais de clima ou alterações de umidade.

12. Item 7.7.3 – todas as partes da fundação superficial (rasa ou direta) em contato com o solo (sapatas, vigas de equilíbrio etc.) devem ser concretadas sobre um lastro de concreto não estrutural com no mínimo 5 cm de espessura, a ser lançado sobre toda a superfície de contato solo-fundação.

    No caso de rocha, esse lastro deve servir para regularização da superfície e, portanto, pode ter espessura variável, no entanto observado um mínimo de 5,0 m.

13. Item 7.7.4 – no caso de fundações próximas, porém situadas em cotas diferentes, a reta de maior declive que passa pelos seus bordos deve fazer, com a vertical, um ângulo α, como mostrado na figura, com os seguintes valores:

    - solos pouco resistentes $\alpha >= 60°$
    - solos resistentes: $\alpha = 45°$
    - rochas $\alpha = 30°$

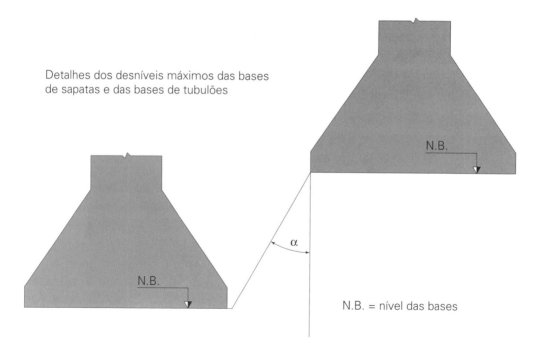

Detalhes dos desníveis máximos das bases de sapatas e das bases de tubulões

N.B. = nível das bases

14. Item 8.2.2.6.1 – as bases dos tubulões a céu aberto não devem ter alturas superiores a 1,80 metros. Utilizar rodapé de 20 cm.

15. Item 8.5.6.1 – não é permitido o emprego de estacas de diâmetros ou bitolas inferiores a 30 cm sem travamento. É aceitável sem qualquer correção um desvio entre o eixo da estaca e o ponto de aplicação da resultante de forças do pilar de 10% da menor dimensão da estaca.

16. Item 9.2.2.1 – será obrigatória a execução de provas de cargas estáticas em pelo menos 1% das estacas, ou em:

    - obras com estacas Strauss com mais de 100 estacas;
    - obras com estacas escavadas a seco com mais de 75 estacas;
    - obras com estacas de hélices contínuas com mais de 100 estacas;
    - obras com estacas de hélices contínuas com trado segmentado com mais de 50 estacas;
    - obras com estacas pré-moldadas com mais de 100 estacas.

    Passando do número de estacas acima, pelo menos se execute uma prova de carga pré-moldada e se substitua as demais provas de cargas estáticas por provas de cargas dinâmicas.

17. Os anexos de A a P tratam dos métodos de execução do diversos tipos de fundações rasas ou profundas.

18. Item 8.2.1.2 – nas estacas escavadas, a carga admissível deve ser de no máximo 1,25 vez a resistência se o atrito lateral for calculado na ruptura, ou seja, no máximo 20% da carga admissível pode ser suportada pela ponta da estaca quando superior a esse valor. O processo executivo de limpeza da ponta deve ser especificado pelo projetista e ratificado pelo executor.

$$P_{adm} \leq 1{,}25 \times P_{atrito} \text{ na ruptura}$$

FICHA N.º 16 — OUTROS ENSAIOS

16.1 Repique elástico

Trata-se de outra forma de controle de cravação de estacas pré-moldadas de concreto, resultante de um golpe do martelo, sendo (aplica-se às estacas pré-moldadas):

Deslocamento máximo = K + S

K = deslocamento elástico da estaca + deslocamento elástico do solo;

S = nega, efetivo deslocamento da estaca no solo.

Os deslocamentos K voltarão a posição original da estaca por serem elásticos, ficando apenas o deslocamento S da nega da estaca.

$K = C2 + C3$

S = nega de 1 golpe

C2 = deformação elástica da estaca;

C3 = deformação elástica do solo sob a ponta da estaca.

$$P = \frac{C2 \times A \times E}{0,7 \times L}$$

Sendo:

P = carga na estaca;

L = comprimento da estaca;

A = área da estaca;

E = módulo de elasticidade da estaca

Tipo de solo	C3
Areia	0-2,5
Areia siltosa	1-2,5
Silte arenoso	2,5-5,0
Argila siltosa	2,5-5,1
Silte argiloso	5,0-7,5
Argila	7,5-100

δ	Tipos de estaca
0,5	Estaca longa
0,7	Estaca média
1	Estaca curta

16.2 Ensaios dinâmicos *Pile Driving Analyzer* (PDA)

Os ensaios dinâmicos PDA desenvolvidos inicialmente para estacas pré-moldadas, hoje se ampliaram para qualquer tipo de estacas. Trata-se da aplicação de golpes crescentes com a energia (golpes crescentes de 20 cm de altura do martelo até cerca de um metro de altura); com isso, mede-se, através de leitores apropriados, deformação e velocidade de propagação da onda por meio do corpo da estaca.

FICHA N.º 17 — BIBLIOGRAFIA E SITES DE ENTIDADES DO SETOR

17.1 Bibliografia

ABCP – ASSOCIAÇÃO BRASILEIRA DE CIMENTO PORTLAND. **Manual de estruturas de concreto armado**. São Paulo: ABCP, Associação Brasileira de Cimento Portland, 2003.

ALONSO, U. R. **Exercícios de fundações**. São Paulo: Blucher, 1983.

BOTELHO, M. H. C. **Manual dos primeiros socorros do engenheiro e do arquiteto**. São Paulo: Blucher, 1983.

CAPUTO, H. P. **Mecânica dos solos e suas aplicações**. Rio de Janeiro: Ao Livro Técnico, 1976. 2 v.

DÉCOURT, L.; QUARESMA, A. R. Como calcular (rapidamente) a capacidade de carga limite de uma estaca. **A Construção**, São Paulo, n. 1800, ago. 1982.

MELLO, V. F. B.; TEIXEIRA, A. H. **Mecânica dos solos**. São Carlos: Escola de Engenharia de São Carlos, 1962.

MORAES, M. C. **Estruturas de fundações**. São Paulo: Mc Graw Hill do Brasil, 1976.

NUNES, A. J. C. **Curso de mecânica dos solos e fundações**. São Paulo: Globo, 1956.

TERZAGHI, K.; PECK, R. B. **Mecânica dos solos na prática de Engenharia**. Rio de Janeiro: Ao Livro Técnico, 1962.

VARGAS, M. **Fundações de edifícios**. São Paulo: Grêmio Politécnico, Escola Politécnica da Universidade de São Paulo, 1982.

Para dar seguimento aos estudos, recomenda-se a aquisição e leitura da coleção dos livros do Eng. Urbano Rodriguez Alonso (publicados pela Editora Blucher), que é composta pelos livros:

ALONSO, U. R. **Exercícios de fundações**. São Paulo: Blucher, 1983.

ALONSO, U. R. **Dimensionamento de fundações profundas**. 2. ed. São Paulo: Blucher, 2012.

ALONSO, U. R. **Previsão e controle das fundações**. 2. ed. São Paulo: Blucher, 2011.

17.2 Sites de interesse do setor

ABNT – Associação Brasileira de Normas Técnicas: <www.abnt.org.br>.

IPT – Instituto de Pesquisas Tecnológicas: <www.ipt.br>.

ABEG – Associação Brasileira de Empresas de Consultoria em Engenharia de Fundações: <www.abeg.com.br>.

ABEF – Associação Brasileira de Empresas de Engenharia de Fundações: <www.abef.org.br>.

ABMS – Associação Brasileira de Mecânica dos Solos: <www.abms.com.br>.

ABCP – Associação Brasileira de Cimento Portland: <www.abcp.org.br>.

IE – Instituto de Engenharia (SP): <www.institutodeengenharia.org.br>.

Editora Blucher: <www.blucher.com.br>.

ABGE – Associação Brasileira de Geologia de Engenharia e Ambiental: <www.abge.org.br>.

PARTE III
ADENDOS

Adendo I – Extratos da NR-18 – Condições e meio ambiente de trabalho na indústria da construção

Adendo II – Distribuição das estacas nos blocos

Adendo III – "Um estaqueamento inesquecível"

ADENDO I – EXTRATOS DA NR-18 – CONDIÇÕES E MEIO AMBIENTE DE TRABALHO NA INDÚSTRIA DA CONSTRUÇÃO

Norma do "Ministério do Trabalho e Emprego"

Partes que mais interessam às obras de fundações.

"18.6. Escavações, fundações e desmonte de rochas.

18.6.1. A área de trabalho deve ser previamente limpa, devendo ser retirados ou escorados solidamente árvores, rochas, equipamentos, materiais e objetos de qualquer natureza, quando houver risco de comprometimento de sua estabilidade durante a execução de serviços.

18.6.2. Muros, edificações vizinhas e todas as estruturas que possam ser afetadas pela escavação devem ser escorados.

18.6.3. Os serviços de escavação, fundação e desmonte de rochas devem ter responsável técnico legalmente habilitado.

18.6.4. Quando existir cabo subterrâneo de energia elétrica nas proximidades das escavações, as mesas só poderão ser iniciadas quando o cabo estiver desligado.

18.6.4.1. Na impossibilidade de desligar o cabo, devem ser tomadas medidas especiais junto à concessionária.

18.6.5. Os taludes instáveis das escavações com profundidade superior a 1,25 m (um metro e vinte e cinco centímetros) devem ter sua estabilidade garantida por meio de estruturas dimensionadas para esse fim.

18.6.6. Para elaboração do projeto e execução das escavações a céu aberto, serão observadas as condições exigidas na NBR-9061/85 – Segurança de Escavação a Céu Aberto da ABNT.

18.6.7. As escavações com mais de 1,25 m (um metro e vinte e cinco centímetros) de profundidade devem dispor de escadas ou rampas, colocadas próximas aos postos de trabalho, a fim de permitir, em caso de emergência, a saída rápida dos trabalhadores, independentemente do previsto no subitem 18.6.5.

18.6.8. Os materiais retirados da escavação devem ser depositados a uma distância superior à metade da profundidade, medida a partir da borda do talude.

18.6.9. Os taludes com altura superior a 1,75 m (um metro e setenta e cinco centímetros) devem ter estabilidade garantida.

18.6.10. Quando houver possibilidade de infiltração ou vazamento de gás, o local deve ser devidamente ventilado e monitorado.

18.6.10.1. O monitoramento deve ser efetivado enquanto o trabalho estiver sendo realizado para, em caso de vazamento, ser acionado o sistema de alarme sonoro e visual.

18.6.11. As escavações realizadas em vias públicas ou canteiros de obras devem ter sinalização de advertência, inclusive noturna, e barreira de isolamento em todo seu perímetro.

18.6.12. Os acessos de trabalhadores, veículos e equipamentos às áreas de escavação devem ter sinalização de advertência permanente.

18.6.13. É proibido o acesso de pessoas não autorizadas às áreas de escavação e cravação de estacas.

18.6.14. O operador de bate-estacas deve ser qualificado e ter sua equipe treinada.

18.6.15. Os cabos de sustentação do pilão devem ter comprimento para que haja, em qualquer posição de trabalho, um mínimo de 6 (seis) voltas sobre o tambor.

18.6.16. Na execução de escavações e fundações sob ar comprimido, deve ser obedecido o disposto no Anexo no 6 da NR 15 – Atividades e Operações insalubres.

18.6.17. Na operação de desmonte de rocha a fogo, fogacho ou mista, deve haver um blaster, responsável pelo armazenamento, preparação das cargas, carregamento das minas, ordem de fogo, detonação e retirada das que não explodiram, destinação adequada das sobras de explosivos e pelos dispositivos elétricos necessários às detonações.

18.6.18. A área de fogo deve ser protegida contra projeção de partículas, quando expuser a risco trabalhadores e terceiros.

18.6.19. Nas detonações é obrigatória a existência de alarme sonoro.

18.6.20. Na execução de tubulões a céu aberto, aplicam-se as disposições constantes no item 18.20 – Locais confinados.

18.6.21. Na execução de tubulões a céu aberto, a exigência de escoramento (encamisamento) fica a critério do engenheiro especializado em fundações ou solo, considerados os requisitos de segurança.

18.6.22. O equipamento de descida e içamento de trabalhadores e materiais utilizado na execução de tubulões a céu aberto deve ser dotado de sistema de segurança com travamento.

18.6.23. A escavação de tubulões a céu aberto, alargamento ou abertura manual de base e execução de taludes deve ser precedida de sondagem ou de estudo geotécnico local.

18.6.23.1. Em caso específico de tubulões a céu aberto e abertura de base, o estudo geotécnico será obrigatório para profundidade superior a 3 (três) metros.

18.36.3. Quanto à escavação, fundação e desmonte de rochas:

a) antes de ser iniciada uma obra de escavação ou de fundação, o responsável deve procurar se informar a respeito da existência de galerias, canalizações e cabos, na área onde serão realizados os trabalhos, bem como estudar o risco de impregnação do subsolo por emanações ou produtos nocivos;

b) os escoramentos devem ser inspecionados diariamente;

c) quando for necessário rebaixar o lençol d'água (freático), os serviços devem ser executados por pessoas ou empresas qualificadas;

d) cargas e sobrecargas ocasionais, bem como possíveis vibrações, devem ser levadas em consideração para determinar a inclinação das paredes do talude, a construção do escoramento e o cálculo dos elementos necessários;

e) a localização das tubulações deve ter sinalização adequada;

f) as escavações devem ser realizadas por pessoal qualificado, que orientará os operários quando se aproximarem das tubulações até a distância mínima de 1,50 m (um metro e cinquenta centímetros);

g) o tráfego próximo às escavações deve ser desviado e, na sua impossibilidade, reduzida a velocidade dos veículos;

h) devem ser construídas passarelas de largura mínima de 0,60 m (sessenta centímetros), protegidas por guarda-corpos, quando for necessário o trânsito sobre a escavação;

i) quando o bate-estacas não estiver em operação, o pilão deve permanecer em repouso sobre o solo ou no fim da guia de seu curso;

j) para pilões a vapor, devem ser dispensados cuidados especiais às mangueiras e conexões, devendo o controle de manobras das válvulas estar sempre ao alcance do operador;

k) para trabalhar nas proximidades da rede elétrica, a altura e/ou distância dos bate-estacas deve atender à distância mínima exigida pela concessionária;

l) para a proteção contra a projeção de pedras, deve ser coberto todo o setor (área entre as minas, carregadas) com malha de ferro de 1/4" a 3/16", de 0,15 m (quinze centímetros) e pontuada de solda, devendo ser arrumados sobre a malha de pneus para formar uma camada amortecedora."

ADENDO II – DISTRIBUIÇÃO DAS ESTACAS NOS BLOCOS

Tipo	Distribuição das estacas no bloco	Esforços máximo e mínimo nas estacas
2		$N_{máx.} = \dfrac{P}{2} + \dfrac{Mx}{e}$ $N_{mín.} = \dfrac{P}{2} - \dfrac{Mx}{e}$
3A		Se $\dfrac{Mx}{My} \geq 0{,}5773$ $N_{máx.} = \dfrac{P}{3} + \dfrac{Mx + 1{,}723My}{1{,}732e}$ $N_{mín.} = \dfrac{P}{3} - \dfrac{Mx}{0{,}866e}$ Se $\dfrac{Mx}{My} \leq 0{,}5773$ $N_{máx.} = \dfrac{P}{3} + \dfrac{Mx + 1{,}723My}{1{,}732e}$ $N_{mín.} = \dfrac{P}{3} + \dfrac{Mx - 1{,}723My}{1{,}732e}$
3B		Se $\dfrac{Mx}{My} \geq 0{,}5773$ $N_{máx.} = \dfrac{P}{3} + \dfrac{Mx}{0{,}866e}$ $N_{mín.} = \dfrac{P}{3} - \dfrac{Mx + 1{,}723My}{1{,}732e}$ Se $\dfrac{Mx}{My} \leq 0{,}5773$ $N_{máx.} = \dfrac{P}{3} + \dfrac{Mx - 1{,}723My}{1{,}732e}$ $N_{mín.} = \dfrac{P}{3} + \dfrac{Mx + 1{,}723My}{1{,}732e}$
3C		$N_{máx.} = \dfrac{P}{3} + \dfrac{Mx}{2e}$ $N_{mín.} = \dfrac{P}{3} - \dfrac{Mx}{2e}$
4		$N_{máx.} = \dfrac{P}{4} + \dfrac{Mx + My}{2e}$ $N_{mín.} = \dfrac{P}{4} - \dfrac{Mx + My}{2e}$
5A		Se $\dfrac{Mx}{My} \geq 4{,}813$ $N_{máx.} = \dfrac{P}{5} + \dfrac{2Mx - 1{,}923My}{5e}$ $N_{mín.} = \dfrac{P}{5} - \dfrac{2Mx + 1{,}923My}{5e}$ Se $\dfrac{Mx}{My} \leq 4{,}813$ $N_{máx.} = \dfrac{P}{5} + \dfrac{Mx + 2{,}89My}{5e}$ $N_{mín.} = \dfrac{P}{5} - \dfrac{2Mx + 1{,}923My}{5e}$
5B		Se $\dfrac{Mx}{My} \geq 4{,}813$ $N_{máx.} = \dfrac{P}{5} + \dfrac{2Mx + 1{,}923My}{5e}$ $N_{mín.} = \dfrac{P}{5} - \dfrac{2Mx - 1{,}923My}{5e}$ Se $\dfrac{Mx}{My} \leq 4{,}813$ $N_{máx.} = \dfrac{P}{5} + \dfrac{2Mx + 1{,}923My}{5e}$ $N_{mín.} = \dfrac{P}{5} - \dfrac{Mx + 2{,}89My}{5e}$
5C		$N_{máx.} = \dfrac{P}{5} + \dfrac{Mx + My}{2{,}828e}$ $N_{mín.} = \dfrac{P}{5} - \dfrac{Mx + My}{2{,}828e}$

6A		$N_{máx.} = \dfrac{P}{6} + \dfrac{1,5Mx+2My}{6e}$ $N_{mín.} = \dfrac{P}{6} - \dfrac{1,5Mx+2My}{6e}$
6B		Se $\dfrac{Mx}{My} \geq 0,5767$ $N_{máx.} = \dfrac{P}{6} + \dfrac{1,723Mx+My}{6e}$ $N_{mín.} = \dfrac{P}{6} - \dfrac{1,723Mx+My}{6e}$ Se $\dfrac{Mx}{My} \leq 0,5767$ $N_{máx.} = \dfrac{P}{6} + \dfrac{My}{3e}$ $N_{mín.} = \dfrac{P}{6} - \dfrac{My}{3e}$
7		Se $\dfrac{Mx}{My} \geq 0,5767$ $N_{máx.} = \dfrac{P}{7} + \dfrac{1,723Mx+My}{6e}$ $N_{mín.} = \dfrac{P}{7} - \dfrac{1,723Mx+My}{6e}$ Se $\dfrac{Mx}{My} \leq 0,5767$ $N_{máx.} = \dfrac{P}{7} + \dfrac{My}{3e}$ $N_{mín.} = \dfrac{P}{7} - \dfrac{My}{3e}$
8A		$N_{máx.} = \dfrac{P}{8} + \dfrac{1,257Mx+1,886My}{8e}$ $N_{mín.} = \dfrac{P}{8} - \dfrac{1,257Mx+1,886My}{8e}$
8B		$N_{máx.} = \dfrac{P}{8} + \dfrac{1,2Mx+2My}{8e}$ $N_{mín.} = \dfrac{P}{8} - \dfrac{1,2Mx+2My}{8e}$
9		$N_{máx.} = \dfrac{P}{9} + \dfrac{Mx+My}{6e}$ $N_{mín.} = \dfrac{P}{9} - \dfrac{Mx+My}{6e}$

Esquema da aplicação dos esforços	Ø (diâmetro da estaca - cm)	e (m)
	20, 23, 26	0,70
	33	0,85
	42	1,05
	50	1,30
	60	1,50
	70	1,75

Observações:
1. Esforços máximos e mínimos válidos para blocos rígidos.
2. Esforços resultantes: N > 0 compressão; N < 0 tração.
3. O sentido do momento Mx, para os blocos tipos 3A e 3B e do momento My para os blocos tipois 5A e 5B influem no valor do $N_{máx.}$ e $N_{mín.}$ das estacas, pois são blocos assimétricos em relação aos eixos y e x respectivamente. Assim deve-se analisar convenientemente em qual caso se enquadra o bloco em estudo.

ADENDO III – "UM ESTAQUEAMENTO INESQUECÍVEL"

Uma história romanceada de fundações de prédios de uma indústria

por MHC Botelho

0. Recebi uma carta e daí começou tudo, ano de 1975

Eu, Manoel Henrique Campos Botelho, toda vez que acabo de escrever um livro, juro a mim mesmo e à minha família que só começarei a escrever um outro livro dali a pelo menos um ano.

Invariavelmente não cumpro essa promessa e bem cedo já começo a organizar e-mails arquivados, fichários e recortes de revistas técnicas no planejamento da nova criação. Mas, no momento em que acabei um outro livro meu, estava realmente disposto a descansar quando, inesperadamente, chegou um misterioso e-mail com a seguinte mensagem:

Eng. Botelho,

Tenho uma história tecnológica para lhe contar. Se depois o senhor quiser transformar essa história em livro, será sua opção. Mude apenas meu nome, o nome dos personagens e os nomes das firmas envolvidas.

Posteriormente, lhe telefonarei.

Assinado: Mr. X

De fato, dali a alguns dias, esse tal Mr. X me telefonou e marcamos um bate-papo na minha casa ao redor de cafezinhos, suco de laranja e bolinhos de chuva. A história me pareceu de pronto muito interessante. Outros encontros se sucederam e eu, de gravador ao lado, registrei tudo.

Depois de tudo gravar, reescrevi a história e a apresentei ao amigo Mr. X, que fez os retoques. Convidei outro colega, profissional de mecânica dos solos, para rever e corrigir o texto. O trabalho do colega especialista foi muito bom e ampliou a parte técnica do livro, dando detalhes, informações, molhos e pimentas que enriqueceram o trabalho.

O livro sai com a autoria de Manoel Henrique Campos Botelho, mas ficam os créditos ao misterioso personagem Mr. X, que viveu a história e a contou para este escritor. Digamos que o nome do personagem seja Joaquim. Coube ao prezado colega Y a tarefa da contribuição tecnológica de revisão e ampliação da parte de mecânica dos solos e fundações.

A versão final dos trabalhos não passou pela revisão final do colega Y e nem do Mr. X, e o único responsável pelas eventuais falhas é este que assina.

MHC Botelho

1. A fábrica precisava crescer, apresento-me

Meu nome é Joaquim e sou engenheiro eletrônico, aliás, sou tão somente formado em engenharia eletrônica, mas, falando honestamente, nunca exerci a profissão. Quando estava para me formar, casei-me com a filha única de um rico industrial português de biscoitos, em nosso país radicado, sem outro herdeiro. Formado, comecei a ajudar meu sogro em sua indústria de biscoitos. Essa situação familiar deu-me a oportunidade de comandar a ampliação de "nossa" indústria no Rio de Janeiro. Essa indústria de porte pouco mais que pequeno tinha, numa década anterior, passado de porte pequeno a porte médio. Agora era hora de nova expansão. A expansão da indústria, ou melhor, a novela das fundações da ampliação da indústria vai ser nossa história.

Foi mais ou menos assim...

Nossa indústria situava-se no interior do estado do Rio de Janeiro, junto a uma estrada municipal. A área da propriedade era grande, cerca de 50.000 m2, cortada por uns morros (morrotes). Vejam:

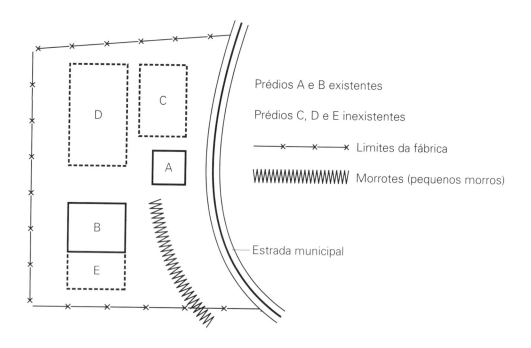

Contemos alguma coisa dos prédios já existentes e dos prédios da expansão.

A fábrica compunha-se dos prédios A e B, construídos há mais de vinte anos da época desta história. A expansão industrial correspondia aos seguintes novos prédios.

Prédio C – junto à estrada municipal. Será o Prédio Administrativo. Dimensões em planta 20 × 50 m. Dois andares.

Prédio D – junto a um rio. Será o Prédio do Empacotamento. A região é um verdadeiro pântano. Dimensões em planta 30 × 50. Um só pavimento.

Prédio E – Será o Prédio da Produção (mistura, cozimento e preparação industrial dos biscoitos). Dimensões em planta 30 × 60. Três andares.

Entro em detalhes sobre cada um dos prédios pois os problemas de fundação de cada prédio foram totalmente diferentes uns dos outros.

O prédio C está previsto a ser implantado em um terreno bem inclinado.

Vejamos alguns cortes:

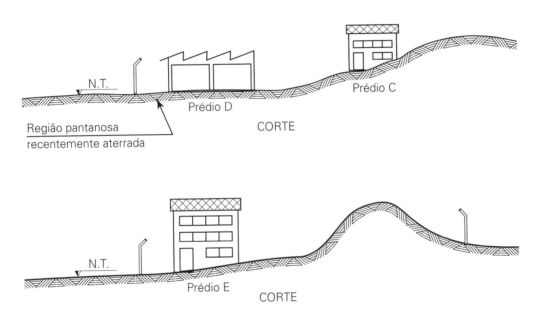

Nota: aterro é a deposição pelo homem de um solo sobre um outro local.

2. A firma projetista fez o projeto estrutural e de fundações dos prédios. Até aí a história é tranquila a menos da briga pelo número de sondagens a executar

Meu sogro, mestre e doutor em biscoitos (como ele se considerava), decidiu triplicar a produção de sua fábrica. Sem maiores apoios técnicos e com os cálculos feitos em um velho caderno, decidiu como seria a nova fábrica, os novos tanques de matéria-prima, o sistema de cozimento, os locais de resfriamento, a linha de embalagem e estocagem. Ou seja, em linguagem de engenharia, ele fez os fluxogramas, o balanço de materiais e as especificações dos equipamentos. Deu-me então a única missão que me caberia: gerenciar a construção civil dos novos prédios: C, D e E. Dentro dos prédios ele mandaria tanto na parte mecânica e elétrica quanto a de produção industrial.

E lá veio a terrível recomendação de sempre:

Fazer tudo:

- com custo baixo;
- em prazo reduzido, pois a fábrica concorrente (multinacional) estava ganhando mercado dia a dia.

Como sou engenheiro eletrônico, fui honesto comigo mesmo. Eu precisava de ajuda. Decidi contratar um engenheiro civil, de nome Alberto, para me auxiliar. Toda a equipe técnica de expansão da fábrica ficou então sendo eu, Alberto, dois computadores e uma secretária. Alberto tinha quase vinte anos de experiência de construção de prédios residenciais. Experiência de construção de prédios industriais não tinha nenhuma.

De comum acordo, eu e Alberto contratamos uma firma de engenharia para projetar os três novos prédios C, D e E. Essa firma projetista de obras civis era conhecida de um amigo meu. Firma de porte médio, com dez a quinze engenheiros.

Neste nosso livro chamaremos essa firma de Projetista.

Na primeira reunião, e única, o sogro definiu o que queria dos prédios, suas medidas internas e os equipamentos que teria. No fim da reunião, despediu-se de todos, desejou felicidades e avisou que só voltaria a se reunir outra vez conosco quando as obras civis estivessem prontas. E finalizou:

— *Confio na capacidade de gerenciamento do meu querido genro!!!!!!.*

Ele falava de mim. Depois saiu e foi fazer uma longa turnê pela Santa Terrinha (Portugal) com sua patroa.

E aí tudo deslanchou.

Contratamos o levantamento topográfico das áreas da expansão, e a Projetista pediu que fossem executadas sondagens geotécnicas do terreno. Aí surgiu o primeiro problema. A Projetista, no entender de Alberto, meu engenheiro civil assistente, exagerara no pedido de sondagens.

Alberto foi claro:

— *Vejamos. A área total do terreno é de cerca de 50.000 m^2.*

As áreas dos prédios são:

Prédio C – 20 × 50 = 1.000 m²
Prédio D – 30 × 50 = 1.500 m²
Prédio E – 30 × 60 = 1.800 m²
                    ─────────
                    4.300 m²

Qualquer firma experiente, com cerca de dez a quinze furos de sondagens, resolve o assuntos, Veja quanto eles pediram:

O pedido inicial foi de 40 sondagens. Aí eu dei um aperto e eles reduziram para 25 sondagens. Eu ainda acho 25 sondagens um exagero. Eles devem ser principiantes. Isso é um absurdo. Eles querem é fazer pesquisa acadêmica em cima de nós. Como não são eles que pagam, estão exagerando. Não concordo!!! E isso vai atrasar a obra. Sondagens custam tempo.

Como eu não entendia nada de sondagens, pedi ao Alberto que me explicasse.

Ele não se fez de rogado:

— A sondagem à percussão corresponde a um método de conhecimento do subsolo partindo da retirada de amostras do solo que vão para laboratório e também, por meio de batidas de um pilão sobre um amostrador que penetra no solo, determinando-se com isso as características do terreno em termos de engenharia de fundações.

No laboratório, o solo, vindo na amostra, é analisado tátil e visualmente, ou seja, o laboratorista, com base em sua experiência no manuseio do material, "sente" suas características esfregando o solo nas mãos e dá as interpretações quanto à composição do terreno.

Paralelamente a essa determinação, com o resultado anotado das batidas (percussão) do barrilete amostrador, fica-se sabendo como foi mais fácil, ou difícil, penetrar esse amostrador.

Dizendo isso, Alberto fez dois desenhos, um do equipamento e outro do resultado do trabalho.

Eu tinha entendido em linhas gerais o processo de sondagens de solos e percussão. Chamamos então a Projetista para explicar o "excesso" (na opinião de Alberto) de furos de sondagens solicitados.

Na reunião estava a jovem Enga. Ana Maria, especialista de fundações da Projetista. Ela já tinha o título de mestrado e se preparava para obter o doutorado. Não gostei dela pelo fato de eu não gostar de mulheres em cargos técnicos. Seguramente preconceito. Ana Maria explicou claramente (parece que ela é professora do assunto numa faculdade do interior):

— *Nosso documento que pede as sondagens é estritamente baseado em normas da ABNT, a saber:*

"Programação de Sondagens de Simples Reconhecimento de Solos para Fundações de Edifícios Procedimento" – essa norma dá orientações gerais de como se prever o número adequado de sondagens;

"Execução de Sondagens de Simples Reconhecimento dos Solos. Método de Ensaio" – essa norma diz como fazer as sondagens, ou seja, padroniza o teste. Como todo método experimental, ele deve ser bem padronizado para ser adequadamente interpretado pelos vários usuários;

"Identificação e Descrição de Amostras de Solos obtidas em Sondagens de Simples Reconhecimento dos Solos". Calculemos, quantas sondagens a percussão serão necessárias.

Lembremos:

"em qualquer caso, no mínimo 3 sondagens;

prédios com área de projeção até 1.200 m², um sondagem para cada 200 m².

para prédios com área de projeção entre 1.200 e 2.400 m², uma sondagem para cada 400 m²."

"Lembremos também que cada um dos prédios deve ter seu próprio plano de sondagem. Em sondagem de terreno, interpolações de dados são duvidosas. Imaginem extrapolações!!!

Logo:

Prédio C – 1.000 m²   1.000/200 = 5

Prédio D – 1.500 m²   1.200/200 + 300/400 = 7

Prédio E – 1.800 m²   1.200/200 + 600/400 = 8

São previstas mais cinco sondagens espalhadas pelo resto da área externa da indústria, dando um total de 5 + 7 + 8 + 5 = 25 furos de sondagens.

Aqui está a planta de localização das sondagens."

Terminando seu discurso, Ana Maria, a mestra, falou doutoralmente, o que mais me irritou. Mulher no comando dá nisso, pensei.

— *O número mínimo, para que nossa firma projetista possa se responsabilizar para fazer um correto trabalho, é de 25 sondagens.*

Aí foi a vez de o Alberto falar:

— *Parece-me uma argumentação acadêmica essa de exigir 25 furos de sondagens para poder definir as fundações dos três prédios. Não podemos nos esquecer que temos nos nossos arquivos sondagens realizadas quando da construção, há vinte anos, dos prédios existentes (A e B) e, melhor do* que isso, temos também os relatórios de cravação das estacas usadas nesses dois prédios. Com essas informações, pode-se dispensar tranquilamente esse enorme número de sondagens, que vão exigir dinheiro e muito tempo para executá-las.

Ouviu-se um silêncio que antecede as tempestades e então:

— *Não concordo, respondeu a exigente Ana Maria, da firma Projetista. As sondagens feitas para os prédios existentes foram feitas há vinte anos, quando os cuidados e os métodos eram outros. Aliás, a firma executora das sondagens nem existe mais. Fechou. Qual a confiabilidade dessas sondagens? E note que as sondagens feitas por essa firma só foram até dez metros de profundidade, poucos casos chegaram até doze metros. Não dá para aceitar essas sondagens velhas. Precisamos adotar os critérios das normas atuais. É o único caminho para a Projetista poder assumir sua plena responsabilidade pela obra.*

Alberto não deixou cair a bola em seu campo. E respondeu em cima:

— *Melhor prova não há da excelência do trabalho das sondagens feitas há vinte anos atrás do que olhar os prédios A e B. Lá estão eles, inteiros, sem trincas... Só espero que eu possa no futuro dizer o mesmo dos prédios C, D e E...*

Vi que a disputa entre Ana Maria e Alberto não teria fim. Optei, então, e não foi essa a única vez que tive que optar:

- executar de imediato somente doze sondagens para liberar o início do projeto de fundações;
- executar as restantes treze sondagens, se necessário, e face ao resultado dos primeiros doze furos. Se os resultados dessem valores uniformes, ficaríamos só nos doze furos; se dessem resultados desuniformes, faríamos o programa completo de 25 furos de sondagens.

Ana Maria da firma Projetista resmungou, mandou um e-mail reiterando sua posição, mas no final sossegou. E as sondagens se iniciaram. Junto com o levantamento topográfico, já em pleno andamento, o início das sondagens seria o primeiro sinal, no terreno da indústria, de que o grande empreendimento finalmente iria começar... A fábrica de biscoitos começava a se expandir...

Não era sem tempo, o Diretor Comercial de nossa indústria me segredara:

— *Estou sentindo a concorrente multinacional nos nossos calcanhares. Temos que inaugurar logo a nova fábrica para lançarmos imediatamente a nova linha de biscoitos.*

3. Chegaram os primeiros resultados das sondagens. Mas antes houve outra briga, e surgiu o fantasma misterioso do prédio E

Contratamos uma firma de sondagens e lá chegaram duas turmas para executar o serviço.

A Projetista preparara um planta indicando a localização dos furos e tinha feito uma especificação dando detalhes de como deviam ser feitas as sondagens e indicando a profundidade delas. Lembro-me inesquecivelmente do limite de profundidade: furar até o impenetrável à percussão, mas não passando de vinte metros, ou seja, ir até onde o solo opõe muita resistência, não deixando penetrar o amostrador, mas limitando-se a profundidade a 20 m.

Quando as sondagens iam começar, Ana Maria, a exigente especialista de solos da Projetista, procurou-me.

Ela vinha pedir um aumento em seus honorários para poder colocar em regime de tempo integral no campo um engenheiro exclusivo para acompanhar as sondagens.

Aí quem estrilou fui eu:

— *Estamos usando as normas da ABNT, contratamos uma firma especializada em execução de sondagens, que deve ter equipes treinadas e responsáveis para o trabalho, foi feita uma especificação detalhada, e vocês ainda querem um técnico acompanhando o serviço? Assim não dá.*

Ana Maria não se perturbou e, com o seu saber de doutoranda, falou:

— *Sondagem é uma pesquisa experimental de campo. Os dados aí obtidos são transferidos para o escritório e sobre eles se estudará tudo. O coitado do mestre de sondagem é um pobre operário semiespecializado que, sem maiores treinos, anota quantas batidas se tem que dar para o amostrador afundar 30 centímetros. É razoável deixar esse homem sem fiscalização e assistência, sabendo-se que ele ganha uma miséria? E depois fazer toda uma obra baseada nas anotações que esse homem faz, dizendo quantos golpes precisa para o amostrador afundar 30 cm?*

Não sei por que achei um absurdo colocar um sujeito ganhando bem (engenheiro) – ou razoavelmente bem – para fiscalizar um trabalho importantíssimo feito por uma pessoa que ganha indiscutivelmente mal e que pode fazer mal feito o serviço exatamente pelo fato de ganhar mal. Mas não quis misturar engenharia com problemática social. Engenharia é engenharia, problema social é problema social. Nada de misturar uma coisa com a outra.

Vendo minha confusão, Ana Maria complementou a explicação:

— *E esse engenheiro de campo pode orientar os trabalhos das duas turmas de sondagens se houver algum problema inesperado.*

Adendo III – "Um estaqueamento inesquecível"

A explicação complementar me satisfez um pouco, um pouco mais. Concordei com o trabalho extra de mais um engenheiro de obra só para fiscalizar os dois pobres chefes de turma. E aí começaram as sondagens a todo vapor. Decidimos começar as sondagens pelo prédios C e D, e depois fazer a sondagens do prédio E.

Alguns furos iam até a profundidade limite de 20 metros e aí paravam em razão da especificação da Projetista de parar em 20 metros. Mas, se desejado, o amostrador de sondagem continuaria a penetrar mais no terreno, pois não tinha encontrado solo excepcionalmente resistente. Alguns furos de sondagens, todavia e surpreendentemente, não conseguiam passar de dez metros e outros nem a seis metros chegavam. O amostrador encontrava algo muito resistente pela frente. Era o chamado "impenetrável à percussão (IAP)". Mas por que essa variação?

Reunimo-nos para conversar sobre o mistério. Por que essa variação de resultados? Os pontos polêmicos eram:

- Por que será que o terreno é tão variável, às vezes tão resistente em porções altas? Será que o maciço rochoso às vezes está bem alto?

- E as outras sondagens, que vão sem problema até os 20 metros e poderiam até continuar? Como explicar?

Se realmente tivéssemos encontrado o maciço rochoso de forma tão oscilante como as sondagens pareciam indicar, seria algo extremamente inusitado, como indicado no desenho a seguir.

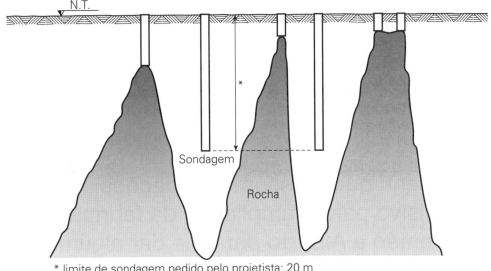

* limite de sondagem pedido pelo projetista: 20 m
IAP: impenetrável à percussão

Ana Maria teve então uma ideia genial. O prédio E era uma expansão do prédio B. O prédio B fora construído há mais de vinte anos e utilizara estacas em sua fundação. Normalmente, quando uma estaca é cravada, faz-se um minirrelatório de sua cravação. Encontraríamos nesses relatórios a causa do mistério de o terreno apresentar tanta variabilidade??? Corremos a procurar os empoeirados relatórios das estacas da época da construção do prédio B.

Consultados esses relatórios, eles diziam, em resumo:

Foram usadas estacas pré-moldadas de concreto armado quadradas, com as seguintes características (seção e capacidade de cargas):

Seção quadrada com 18 cm de lado	Seção quadrada com 23 cm de lado	Seção quadrada com 28 cm de lado
20 t	30 t	40 t

Os relatórios indicaram que os comprimentos de cravação variaram enormemente. De 6 metros a 14 metros, houve toda a gama de valores.

Ana Maria empalideceu ao ler o relatório e gaguejando nos relatou:

— *O fantasma misterioso nos acompanha!!!!!!. Há dez anos esse fantasma geotécnico já existia e já rondava o terreno. A variabilidade do comprimento de cravação das estacas é a mesma que estamos encontrando nos resultados das sondagens do terreno.*

O mistério continuava, portanto. Com mistério ou sem mistério, as doze sondagens inicialmente planejadas foram terminadas, além das treze outras, completando vinte e cinco. Tão logo terminaram as sondagens, Ana Maria anunciou solenemente, no fim de uma reunião:

— *Nossa firma entregará o projeto das fundações dos prédios C e D em 30 dias, a partir de hoje. Quanto ao prédio E, teremos que levar mais tempo no estudo, até decifrarmos o mistério.*

4. Pressenti que o assunto fundações era decisivo para a ampliação da fábrica, e pedi então a Alberto para me dar algumas aulas sobre alicerces e fundações

Eu estava pressentindo (santo pressentimento) que o assunto fundações ia ser importante para a ampliação da fábrica. Não tive dúvida, então. Chamei Alberto, meu assessor de engenharia civil, e falei:

— Desmarque todos seus compromisso para amanhã e depois. Quero ter dois dias inteiros de aula sobre alicerces, fundações, sondagens, estacas, tudo. Quero que você me dê um curso sobre fundações.

Alberto ficou algo surpreso com o meu pedido, mas não retrucou. Dali a uma hora veio até minha sala:

— OK, eu topo dar o curso. Amanhã nos reuniremos na sala da gerência. Lá tem uma lousa e eu darei a você um curso rápido sobre fundações. Você pede que o curso dure dois dias inteiros de trabalho. Tudo bem. Usaremos os períodos da manhã e os períodos da tarde. Tenho até uma ideia. Na parte da manhã do primeiro dia, farei uma recapitulação sobre integral de linha e integral de superfície, além de elementos finitos e um apanhado geral sobre as últimas teorias e polêmicas sobre a distribuição de tensões no solo e...

Respondi então:

— Alberto, eu acho que você não entendeu. Não é nada disso que eu quero. Com esse tipo de curso eu não vou aprender nada...

— Mas assim são todos os cursos que eu conheço. Assim é que se ensina, respondeu Alberto...

Intervim com autoridade de patrão, ou melhor, de genro de patrão:

— Então, ensine-me como não se ensina...

Alberto pensou, pensou, e depois de muito pensar apareceu um sorriso nos lábios e falou:

— Entendi tudo. Nos encontraremos amanhã às 8h. vou tentar te contar as coisas como elas são. OK?

— Tudo acertado, respondi, ansioso.

No dia seguinte, tudo pronto, Alberto pigarreou, tomou o último gole de café e escreveu na lousa uma palavra, e começou a explicar, com a simplicidade e despojamento de um engenheiro civil falando a um engenheiro eletrônico:

— Fundações – o que são...

5. Alberto dá um curso prático sobre fundações

A. Fundações – o que são

As cargas dos prédios devem ser transmitidas aos terrenos. Isso é feito nos prédios médios e grandes via pilares que usam ao encontrar o solo sapatas e/ou estacas. Nas pequenas edificações como as casas térreas essa transmissão de carga é feita pelas paredes ou por um conjunto pilar-paredes, ou podendo chegar às situações em que não existem pilares, só paredes. Veja-se a sapata de alvenaria de tijolos:

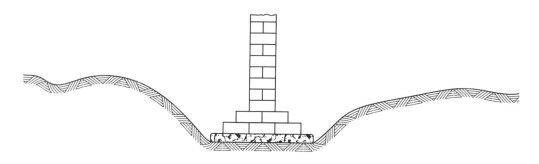

Seja por pilares, seja por paredes, há uma concentração de carga nos pontos dos terrenos onde ocorre esse descarregamento. Distribuir essa carga de forma adequada, evitando-se recalques e rompimentos do solo, é função dos alicerces (expressão não técnica), ou melhor, das fundações da edificação. São exemplos de fundações o uso de sapatas e o uso de estacas. Vejamos:

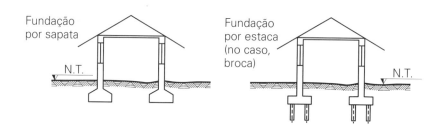

No Brasil, o projeto e a execução de fundações é regulado pela NBR-6122. Segundo a boa técnica, as fundações dividem-se em:

- Fundação em superfície (também chamada rasa, direta ou superficial). É quando o solo que resiste é o superficial, ou seja, aquele que está até cerca de 2 a 3 m abaixo do nível do terreno. O uso de sapatas é um exemplo disso.
- Fundação profunda é aquele que tira partido da participação de solos mais profundos. A fundação por estacas é um exemplo disso.

Uma coisa é importante destacar. Uma adequada solução de fundação é um acordo entre:

- a estrutura a suportar;
- o elemento físico de suporte (sapata estacas etc.);
- o enigmático e misterioso solo;
- os custos das soluções.

Para conhecer o solo, estimar suas características e tentar prever (eu falei tentar prever), como esse enigmático senhor reagirá quando receber cargas significativamente concentradas. Para isso, o ser humano desenvolveu a Mecânica dos Solos, a

Adendo III – "Um estaqueamento inesquecível"

engenharia de fundações, a chamada Geotecnía. Um dos instrumentos dessa ciência é a sondagem à percussão (por golpes de um testemunho que é cravado no solo do terreno). A sondagem à percussão tem, entre outros, o objetivo de:

- analisar e caracterizar visual e tatilmente os solos nas diversas camadas do terreno;
- verificar a resistência do solo, comparada com a resistência à penetração de um amostrador no terreno.

Através da reação do solo e das suas características, os construtores desenvolveram teorias e acumularam-se experiências que permitem prever sua atuação como elemento suporte de recebimento de cargas.

B. Interpretação do que são as sondagens e o SPT

Fim da sondagem – a demanda de tempo por ponto é de um a três dias porque foi alcançado terreno muito resistente (impenetrável a percussão) ou porque o tipo de obra não exige o conhecimento do terreno em profundidade maiores (em nosso caso, maiores que vinte metros).

A cada metro de terreno, associa-se um número chamado SPT (Standard Penetration Test), que é a somatória de golpes do amostrador necessários para vencer o 2.º e o 3.º trecho de 15 cm a cada metro. Os restantes 55 cm que formam um metro não tem medida sua resistência à penetração. Esses 55 cm são perfurados com broca ou com lavagem a água.

No trecho seguinte, também de 1 metro de extensão, não se considera o número de golpes para vencer os primeiros 15 cm, e depois soma-se o número de golpes para vencer o 2.º e o 3.º trecho, cada um com 15 cm.

C. Fundações rasas – sapatas, Fórmula Mágica do SPT e carga admissível

Vejamos exemplos e vamos discuti-los:

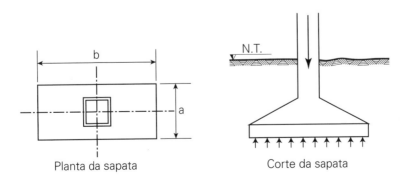

Planta da sapata   Corte da sapata

Trata-se de uma sapata que descarrega no terreno a carga do pilar.

A tensão média transmitida ao terreno será:

$$\sigma = \frac{F}{a} \times b$$

Vejamos agora esta outra solução:

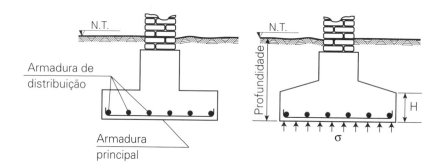

Alberto continuou:

— *Trata-se de uma sapata corrida, que corre debaixo da superfície do solo e ao longo das paredes de uma casa, recebendo o descarregamento de pilares e/ou paredes. Sua grande vantagem é criar um sistema estrutural de rigidez que "distribui" a carga ao longo do terreno. Se em algum local houver um ponto falho nesse terreno (trecho menos resistente), isso não trará grandes consequências, pois haverá uma redistribuição de cargas. Na engenharia de fundações, assim como na vida, a colaboração solidária é sempre mais rica que as soluções individuais. Aliás, a humanidade caminha...*

Até aqui, Alberto dera sua aula sem interrupção. Eu estava gostando e não via motivos para interrrmpê-lo. Mas, nesse ponto, intervim:

— *Alberto, não é a primeira vez que você foge da engenharia e desvia para outros assuntos, digamos... políticos. Por favor, a aula é de Fundações. Limite-se a ela.*

Alberto continuou, sem se perturbar:

— *O projeto das sapatas tem que responder no mínimo: Qual a profundidade a se colocar o piso da sapata? Qual a área da sapata?*

Para se definir esses elementos, um dos instrumentos mais úteis é a sondagens do terreno. Só que cerca de 90% das casas feitas no Brasil são feitas sem sondagens.

— *Então, a maior parte das casas do país corre o risco de cair por falta de sondagens?* — perguntei, sinceramente preocupado.

Alberto não se perturbou.

— A "verdade" não é algo tão simples que basta uma sondagem para alcançá-la. O homem sempre desenvolveu inúmeros caminhos para a descoberta da verdade. Desenvolveu a comparação, ou seja, a análise do que os outros fizeram e as consequências, ou seja, verificar obras próximas. Juntando tudo isso, mais visitas ao local e mais a experiência anterior do homem construtor, o homem pôde realizar obras seguras, mesmo sem executar sondagens geotécnicas. Para pequenas obras, tomando-se outros cuidados, pode-se conseguir também obras seguras.

Engraçado. Depois de sua aula de sondagens, eu achei que elas eram imprescindíveis ao projeto de fundações, intervim eu.

Alberto sorriu e falou:

— O homem construiu algumas edificações antes de as normas da ABNT surgirem, que são da época 1940 a 1950. As pirâmides de Machupichu, a Muralha da China, o aqueduto da Lapa em Santa Teresa, Rio de Janeiro etc. As sondagens a percussão são um bom, mas não o único, processo de procurar a verdade...

— Continuemos sem desvios — insisti, eu, sempre preocupado em não deixar Alberto misturar engenharia com filosofia.

Alberto continuou:

— As sapatas corridas isoladas são processos apenas viáveis quando o terreno bom, de boa capacidade de suporte, está razoavelmente raso, ou seja, próximo à superfície e ao terreno. Se o terreno bom está mais fundo e é difícil (entenda – se é caro), teremos que abandonar a fundação rasa, a fundação superficial. Qual o critério para se saber se o terreno resiste ou não às cargas? Qual o SPT que indica isso? Qual o SPT mágico?

Alberto ficou em silêncio e depois sorriu enigmaticamente e respondeu:

— Uma das críticas dos alunos aos professores de engenharia de Mecânica dos Solos e Fundações é que certos professores não gostam de dar esses critérios algo mágicos. Aprendem-se esses critérios no dia a dia profissional. Os professores têm razão, em parte, pois não querem resumir e limitar a engenharia a um manuseio simplista de números. Mas como este é um curso prático e ilustrativo, vou te dar algumas regras práticas, sempre lembrando que a engenharia não se limita a números mágicos ou não mágicos. Vamos às receitas dos bolos. Todas elas estão ligadas ao número SPT da sondagem a percussão. Aí vão:

- *Solos para receberem fundação direta, o SPT deve ser no mínimo de SPT = 7. Fazer fundação com solos de SPT < 7 é correr riscos de recalques. O ideal para fundações são solos com SPT > 8.*

- *Para solos argilosos e areno-argilosos (boa parte dos solos aí se enquadra), taxa de compressão admissível para sapatas pode ser estimada pela fórmula empírica:*

σ admissível = SPT/5 kgf/cm^2, mas limitando s admissível a 4 kgf/cm^2

Vamos a exemplos numéricos, para fixar conceitos:

Seja um pilar com 20 t para se apoiar no terreno abaixo. Qual a área total de sapata necessária?

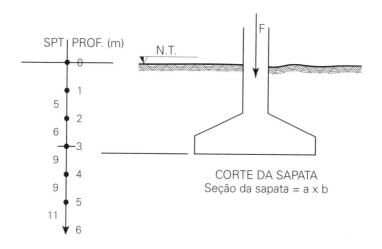

Vamos fazer nossa fundação direta na cota de 3 m (a partir daí o SPT > 9). A tensão admissível no solo será:

σ_{ad} **(tensão admissível)** = **SPT/5** = 9/5 = 1,8 kgf/cm^2 = (simples transformação de unidades de medida) = 18 t/m^2

Logo, a área da sapata = F/σ_{ad} = 20/18 = 1,1 m^2

Solução possível = a = 1,0 m e b = 1,1 m

Aí Alberto perguntou-me:

— *Tudo claro? Alguma dúvida?*

Inocentemente perguntei:

— *Fundação direta é usada só para pequenas obras, não é?*

Adendo III – "Um estaqueamento inesquecível"

Alberto não perdoou:

— *Usam-se fundações diretas para casas e prédios de pequena e grande altura. O exemplo de grande edificação que usa fundação direta são as Pirâmides do Egito e as Muralhas da China... Mas passemos agora às fundações profundas.*

D. Fundações profundas

Veremos:

- brocas;
- estacas Strauss;
- estacas de concreto pré-moldadas;
- estacas metálicas.

D.1 Brocas

Quando o solo superficial, raso, não tem capacidade de suporte (por exemplo, ele é compreensível, podendo gerar recalques), uma solução é ir se apoiar em camadas mais resistentes e mais profundas.

A broca é o primeiro e mais simples exemplo de fundação profunda. Broca é uma pequena estaca que se molda no local, ou seja, é moldada in loco. Trabalha principalmente pelo atrito dela com os solos. É em buraco escavado manualmente a trado e que se enche depois de concreto.

A profundidade raramente pode exceder 4 m, pois a partir dessa profundidade a escavação manual torna-se difícil e a manutenção de verticalidade do buraco torna-se problemática.

Depois de abrir o buraco (em geral a trado), enche-se esse buraco com concreto e uma armação. Cria-se, pois, uma estaca dentro do terreno.

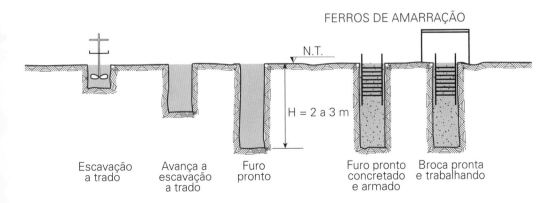

Quando uma broca resiste? Devemos trabalhar com concreto de alta resistência? Adianta colocar ferros de grande diâmetro? Notemos que uma coisa é o elemento estrutural concreto mais aço, outra coisa é a fundação. A fundação depende do solo.

Posso construir peças estruturais maravilhosas, mas se a resistência da ponta e de atrito dessas peças com o terreno não resistir, a broca como fundação será um fracasso.

- Como saber se a broca funciona bem?
- Qual carga que a broca resiste?

Brocas são previstas para construções térreas ou de no máximo dois pavimentos. Para essas construções, a carga máxima que uma broca pode resistir é de 5 t a 10 t.

Não é absurdo fazer provas de carga em brocas, mas é algo trabalhoso pela dificuldade de se encontrar na obra um peso de 5 ou 10 t para o teste.

D.2 Estacas Strauss

A estaca Strauss é a evolução em diâmetro e profundidade da broca. É a prima rica da broca. A escavação do buraco e o lançamento do concreto são feitos por máquinas. Graças a esses recursos, a estaca Strauss, que é uma estaca moldada *in loco*, tem muitas opções de diâmetro e de profundidades.

A estaca Strauss trabalha principalmente por atrito e fixação do comprimento necessário da estaca exatamente para poder propiciar a reação por atrito (estaca x terreno), que resistirá à ação da carga sobre essa estaca.

Vejamos uma estaca Strauss:

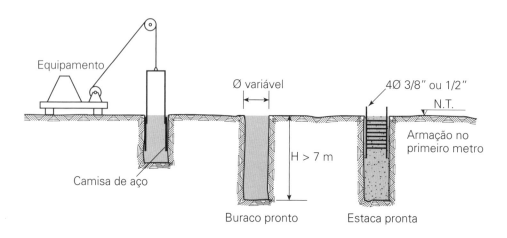

Adendo III – "Um estaqueamento inesquecível"

Os tamanhos e as cargas admissíveis adotados pelo mercado fornecedor para essas estacas são:

(cm)	25	32	38	45	55	62
Carga admissível (t)	20	30	40-45	60-70	80-090	100-120

O comprimento mínimo recomendável para uma estaca Strauss é da ordem de 7 metros.

Esse seria o menor comprimento para dar atrito de reação à carga de trabalho. Se, por qualquer razão, não se consegue a extensão de 7 metros (por exemplo, por encontrar solo muito resistente), a carga admissível deve ser diminuída.

Existem casos em que as estacas Strauss chegam a 20 metros ou mais. Há dificuldades enormes a vencer para se aprofundar uma estaca Strauss. Mas fica uma questão no uso da estaca com essas extensões (profundidades). Não seria outra a vocação do terreno, indicando outra solução? Façamos agora perguntas e respostas sobre essa estaca.

Quando não se usa estaca Strauss? Resposta: em terrenos com matacões e em terrenos muito duros. Assim, quando se encontram os terrenos a seguir, a estaca Strauss terá dificuldade de penetrar:

- terreno arenoso de SPT > 25;
- terreno siltoso de SPT > 20;
- terreno argiloso de SPT > 15.

Nota: quem classifica, pelo resultado da sondagem, o tipo de solo a partir das amostras recolhidas da perfuração é o laboratorista da firma de sondagem (muitas vezes um geólogo). Manuseando o solo (análise tátil), o laboratorista o classifica.

Quando a estaca Strauss ganha do uso da estaca de concreto armado?

- Em terrenos muito inclinados, nos quais o equipamento bate-estacas tem dificuldade de se locomover. O equipamento da estaca Strauss exige apenas pequenas áreas planas, mais fáceis de fazer.
- Em terrenos em cujas proximidades há prédios velhos e instáveis. A vibração do bate-estacas pode prejudicar essas edificações.

Por que se arma a estaca Strauss?

Os pilares, em casos especiais, só transmitem às estacas cargas verticais de compressão. Diante disso, a estaca Strauss não precisaria de armação.

Todavia, é de praxe usar as estacas Strauss para:

- facilitar a armação nos blocos de coroamento;
- resistir a pequenos "esforços parasitas" não verticais.

Quando se usam estacas na fundação de muros de arrimo, onde há outros esforços além da carga vertical, a armação da estaca é importante.

Há vantagens específicas na estaca Strauss?

É uma estacaria que nos permite conhecer o solo que vamos usar, ao contrário de algumas estacas (pré-moldadas) que ficam conhecendo o solo em volta apenas por sua reação.

Como desvantagem da estaca Strauss, há o aspecto de não se conhecer o estado do concreto lançado na escavação.

Há algum inconveniente na estaca Strauss?

Sim, há. Vejamos dois inconvenientes:

a) O uso de água na cravação da estaca Strauss gera muito lodo a ser disposto.

b) Como o equipamento de cravação da estaca Strauss é relativamente barato, surgem no mercado os "gatos",[1] que atuam sem apoio de engenheiros, aviltam o preço desse produto, podendo fazer cair a qualidade dessa solução.

Há limites no uso da estaca Strauss?

Não. Em São Paulo e no Rio de Janeiro, há prédios de quase 20 andares fundados com estacas Strauss. Se o projeto estrutural de um prédio adotar estacas Strauss, com suas capacidades (até 100-120 t) e onde a geologia é razoável, não há outras limitações.

---

[1] "Gato" é o servente que virou pedreiro, pedreiro que virou mestre, mestre que criou pequeno empreiteiro. Se o "gato", de pequeno empreiteiro, passa a médio ou grande empreiteiro, não é mais "gato" e sim "self-made man".

Adendo III – "Um estaqueamento inesquecível"

É usual fazer prova de carga nas estacas Strauss?

Não é usual, assim como não é usual fazer prova de carga nos outros tipos de estacas. Em geral, aceita-se uma estacaria com estaca Strauss pela análise da:

- sondagem a percussão do terreno (imprescindível), prévia à escolha do tipo de estaca;
- evolução da cravação do buraco da estaca.

Dados construtivos da estaca Strauss

1. Carga, diâmetro e espaçamento das estacas

Carga de trabalho (t)	Diâmetro da estaca acabada (cm)	Externo (cm)	Interno (cm)	Distância mínima entre eixos de estacas (cm)	Distância mínima de eixo à parede vizinha (cm)
20	25	22,0	19,5	75	25
30	32	27,5	24,5	90	30
40 a 45	38	32,0	29,0	115	30
60 a 70	45	38,5	35,0	135	40
80 a 90	55	49,5	46,0	165	45
100 a 120	62	57,0	53,3	180	50

2. Material (consumo de material por metro de estaca)

Diâmetro da estaca acabada (cm)	Cimento (saco/m)	Areia grossa (litro/m)	Pedra número 2 (litro/m)
25	0,35	35	60
32	0,50	50	90
38	0,70	70	130
45	1,05	105	200
55	1,70	170	340
62	2,00	200	400

D.3 Estacas pré-moldadas de concreto armado

Seguramente, o tipo mais comum de estaca nas médias e grandes cidades é a estaca pré-moldada de concreto armado. Nas estacas moldadas in loco (por exemplo, broca), tudo se faz no local onde a estaca vai funcionar. Não há pré-fabricação. Na estaca pré-moldada, é tudo ao contrário. Há pré-fabricação de um elemento estrutural que vai ser transportado para o local da obra e depois cravado no solo por golpes de martelo (peso) do bate-estacas.

Assim, o que a indústria realmente fabrica é uma série de elementos pré-moldados de concreto armado, e o engenheiro/engenheira (Alberto deve ter pensado na Ana Maria, o que me deu um pouco de ciúme) escolhe aquele elemento estrutural que mais se aproxima do que ele quer. O elemento pré-moldado, vai funcionar (se tudo der certo), então, como estaca. Os elementos pré-moldados, que chamaremos de estacas pré-moldadas, são os tipos:

- de seção quadrada;
- de seção circular (vazada ou não).

As estacas pré-moldadas de concreto não precisariam de armadura, se elas nascessem no chão (como brocas), pois elas trabalharão sempre com tensões baixas. Por exemplo: a estaca de seção 17 × 17 cm trabalha comprimida com carga de até 20 t, dando uma tensão de:

$$\sigma = F/S = 20.000/(17 \times 17) = 69 \text{ kgf/cm}^2$$

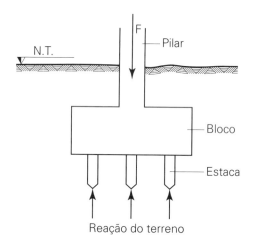

Todavia, essas estacas têm que ser içadas e transportadas até um caminhão, depois têm que ser transportadas pelo caminhão e então sofrer os esforços de cravação. Por tudo isso, as estacas de concreto tem que ser de concreto armado, ou seja, precisam ter alguma armadura.

Adendo III – "Um estaqueamento inesquecível"

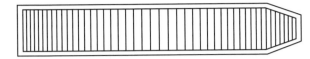

Estaca – o espaçamento dos estribos é menor nas extremidades

Note, pois, que a armação das estacas de concreto têm origem em razões diferentes das necessidades de seu uso final, que é trabalhar comprimida e confinada no solo.

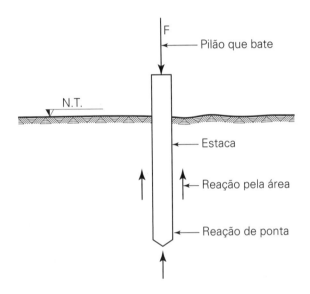

Além de as estacas variarem em sua seção, elas são fabricadas em vários comprimentos. Cabe ao engenheiro projetista decidir quanto ao comprimento da estaca que ele vai comprar.

— *Como ele sabe isso?* — perguntei, em tanto intrigado, interrompendo a aula.

— *Pelo perfil de sondagem, pelas cargas que atuarão. Com esses dados, o engenheiro estima o comprimento em que será cravada a estaca. Mas isso é uma estimativa. O comprimento que uma estaca deve ter vai depender de resultados que a escavação indicará. Uma estaca terá a profundidade que a nega indicar.*

— *Nega???* — Perguntei, surpreso. *Repita, por favor.*

— *Nega*, respondeu Alberto. — *Eu te explico: nega é a situação da estaca quando, apesar de bem martelada, quase não penetra mais no solo. Normalmente diz-se que uma estaca deu "nega" quando só penetra 1 cm, apesar de receber dez golpes. Para estacas metálicas, a nega aceita é da ordem de 2 cm/10 golpes em razão do maior perímetro que as estacas metálicas têm se comparadas com as estacas pré-moldadas de concreto. A nega é uma indicação (mas não uma certeza) de que a estaca não precisa (ou não deve) ser cravada mais.*

— Uma estaca que dá nega dará a capacidade para a qual ela foi projetada???? — perguntei eu.

— Se der nega é uma condição, digamos assim, desejável — respondeu Alberto. *A estimativa da capacidade de carga de uma estaca em função da nega é um dos assuntos ainda polêmicos na engenharia de solos. O que se considera quase decisivo na prática, para testar a capacidade de carga de uma estaca, é a prova de carga. Certezas nesse campo são sempre dúvidas.*

Uma das certezas é que, se uma estaca não der nega ela é um tanto suspeita, embora haja casos que se aceitem estacas sem nega.

Acho que, com essas informações, você está suficientemente preparado para gerenciar a obra. OK?

Acontece que eu estava ansioso:

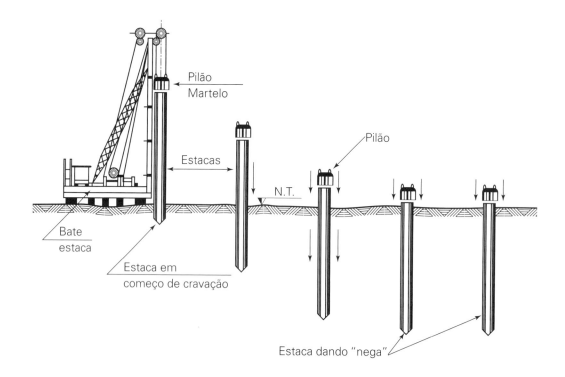

— O que acontece se a estaca foi comprada com 10 m e deu nega com 8,5 m?

Alberto respondeu:

— Nesse caso, arrebenta-se com a marreta o excesso da estaca. É o que chama "arrasar a estaca". Deixam-se os ferros para a ligação no bloco (ligação entre esse pilar).

Adendo III – "Um estaqueamento inesquecível"

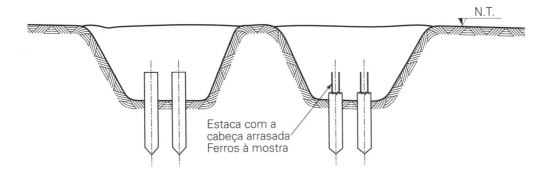

Estaca com a cabeça arrasada
Ferros à mostra

— *E se, ao contrário, a estaca afundar mais do que o previsto?*

— *Às vezes acontece o contrário, ou seja, a estaca está afundando mais do que se esperava. Aí o problema é resolvido pela junção de mais estacas, o que é um dos pontos mais importantes da engenharia de estaqueamento. Há vários tipos de juntas, cada fabricante de estaca tem um tipo. Normalmente, limitam-se a duas as juntas (emendas) por estaca. Como existem estacas dos mais variados tamanhos, chegando algumas fábricas a ter estacas de até 12 m, dificilmente um estaqueamento bem orientado usará muitas juntas por estaca.*

— *A estaca de concreto armado tende a ser uma solução universal para as fundações?*

Alberto pensou e falou:

— *Algumas coisas conspiram contra elas. Citemos uma delas: a estaca pré-moldada de concreto armado normalmente é fabricada e, portanto, o custo do transporte até a obra é um fator que pode pesar, dependendo da localização da obra.*

— *Por que não produzem estacas mais compridas?*

— *Há dificuldade de transporte em caminhão e dificuldade de cravação, pois os bate-estacas teriam que ter mais altura e os pilões teriam que ser mais pesados.*

— *Quais os tamanhos e padrões de estacas* — continuei no meu metralhamento de perguntas.

Alberto respondia, sem pestanejar:

— *É sempre bom perguntar isso ao fabricante das imediações do local da sua obra. Que adianta eu informar você sobre os padrões de fabricação de uma indústria aqui no Rio de Janeiro para uma obra do Acre?*

— *OK! OK!* — respondi. — *Mas conte-me para ilustrar.*

E completei jocosamente:

— *Quem sabe um dia eu escrevo sobre a sua aula e o que você me contou outros poderão saber.*

Alberto consultou uns catálogos que tinha trazido para a aula e digitou no computador:

Estacas circulares

Diâmetro (mm)	Capacidade (t) carga admissível	Peso kgf	Comprimento máximo (m)
200	20-30	60	9
250	30-50	85	12
300	40-60	120	12
350	50-70	150	12
400	70-100	200	12
500	100-150	300	12

Estacas maciças quadradas

Seção (cm)	18 × 18	23 × 23	28 × 28	32 × 32	36 × 36
Capacidade (t) carga admissível	20	30	40	50	70

Normalmente, as estacas maciças quadradas têm comprimento de 6 a 12 metros e são produzidas em comprimentos variáveis de metro a metro.

— *Alberto, estou adorando sua aula sobre estacas.*

Bastou falar isso para ele sorrir, e fazer uma observação do fundo da alma:

— *Observe que na verdade as fábricas de estacas não fabricam estacas, fabricam elementos pré-moldados de concreto armado muito adequados para serem comprimidos e serem usados como estacas, da mesma forma que uma siderúrgica não fabrica estaca metálica, e sim fabrica perfis metálicos, que podem até servir como estacas. Se o engenheiro chega a uma fábrica de estacas, digo, numa fábrica de elementos pré-moldados, e compra um pré-moldado vazado de diâmetro de 20 cm, a fábrica garante que ele, comprimido com a carga de 20 t, resiste à compressão. Isso não quer dizer que esse pré-moldado, como estaca em qualquer solo, aguente 20 t. Isso agora depende da grande incógnita que é o solo.*

— *Não entendi* — confessei.

Alberto continuou:

— *Se eu cravo num terreno uma estaca, digo, um pré-moldado, essa estaca aguenta, ou não, uma carga de 20 t se o solo em volta for adequado. Se for uma lama total, pode ser que essa estaca afunde só com seu peso próprio. Certo. Aí a estaca aguenta zero de carga.*

— *Entendi* — respondi — *E como escolher entre o uso de estaca de seção redonda, estaca de seção quadrada, seção redonda, estaca vazada?*

Alberto respondeu:

— *Pelo preço, pela experiência e o nome do fornecedor na praça, prazo de entrega etc. Mas acho que já falamos bastante de estacas. Falta falar, todavia, de um elemento importante do estaqueamento que é o bate-estacas. Cada estaca pede um tipo e porte de bate-estacas.*

Alberto aí fez pausa e falou:

— *Acho que podemos fazer uma interrupção no assunto estaca de concreto armado pré-moldada. Se o leitor quiser saber mais, basta ler os livros, as normas e o adendo III deste livro.* Um estaqueamento inesquecível.

Interrompi Alberto, com energia:

— *Um minuto, Alberto. Não se esqueça que você é personagem deste livro, e não autor. Onde já se viu personagem deste livro falar sobre o próprio livro? Isso é função do Botelho, que é o autor.*

Alberto, então, finalizou:

— *Desculpe, Botelho. É que o assunto "bibliografia" é muito importante. Prometo não extrapolar mais a função de simples personagem do livro. OK?*

O primeiro dia de aula já se fora. Já eram sete horas da noite e decidimos sair da fábrica para voltar no dia seguinte. Eu estava gostando das aulas, confesso, mais ainda da aula seguinte. Seu tema seria: "Como escolher o tipo de fundação".

E. Como escolher o tipo de fundação – quatro regras

A aula continuou no dia seguinte.

Quando o solo próximo ao nível do terreno é razoável ou bom, regra geral, a fundação direta (exemplo: sapata) é a solução. Quando isso não acontece, ou seja, quando o solo raso é fraco, mole, a solução (não a única) é usar estacas. Não existe um quadro de entrada simples, tal que, entrando com uma variável, resulte diretamente na escolha do tipo de fundação. Várias são as variáveis. Avancemos etapa por etapa, para escolher os tipos de estaca.

E.1 Critério primeiro – carga por estaca

Pelo valor da carga, há um primeiro critério de escolha de estacas.

Tipo de estaca	Carga por estaca (t)			
	5-10	20-80	50-100	150
Broca	•			
Estaca Strauss	•	•	•	
Estaca tipo Franki		•	•	
Pré-moldada de concreto			•	
Metálica				•

• Uso possível

E.2 Critério segundo – influência da geologia do terreno

Regras de uso (ou de não uso):

- não usar estacas de concreto pré-moldadas em terrenos com matacões, pois podem quebrar ou desviar a estaca.
- não usar estacas metálicas onde o solo é quimicamente agressivo.
- não usar estacas pré-moldadas de concreto quando as características do solo forem muito variáveis, o que dificulta a previsão do comprimento da estaca.

E.3 Critério terceiro – localização da obra

- Não usar estaca pré-moldada de concreto se fabricada industrialmente, em locais distantes e de acesso difícil.
- Uma solução, se deseja usar mesmo esse tipo de estaca, é fabricá-la na obra, pois não passa de um pilar de concreto armado e calculável como tal.
- Não usar estaca tipo Franki ou estaca de concreto de grande capacidade quando nas imediações da obra há edifícios frágeis, pois a vibração da cravação pode transmitir perturbações danosas.
- Não usar estacas de concreto ou metálica em local de difícil operação do bate-estacas (exemplo: terreno inclinado).

E.4 Critério quarto – custo

Seria simplório dizer, já que isso está claro, que, atendido o assunto adequação técnica, a opção será pelo menor custo? Não adianta, por exemplo, comparar preço

Adendo III – "Um estaqueamento inesquecível"

de estaca pré-moldada por metro de estaca Strauss já cravada. Temos que considerar todos os custos envolvidos até o estaqueamento estar pronto.

Alberto ia nessa batida quando fez uma de suas excursões ideológicas:

— *Os custos de cada tipo de estaca dependem da situação da economia do país. Estacas produzidas industrialmente recebem em seu custo todo o custo salarial e de leis sociais da mão de obra especializada. Estacas de menor grau de industrialização, como a broca e a estaca Strauss, às vezes, não têm custo, pois usam mão de obra de pessoal não registrado..., o que é um erro social.*

Interrompi:

— *Voltemos à técnica, à Mecânica dos Solos. Não gosto de política. Você vê problema social em tudo, até na engenharia de fundações. É o fim...*

Alberto olhou-me com um certo desdém e continuou:

— *Já que você não aceita uma abordagem ampla do assunto, vamos a números frios e insensíveis e, por isso, às vezes, se mal empregados, resultam altamente enganosos.*

— *Discordo. Números não enganam,* respondi.

Alberto digitalizou e apareceu na tela de seu laptop dados médios tirados de uma publicação sobre custos (*Revista Construção Mercado*). E, então, finalizou:

— *Acho que, como um aperitivo panorâmico ilustrativo, basta isso. Agora enfrentemos a fera que é a nossa obra.*

Sorri e concordei. Dia seguinte, dia da obra.

6. Chegaram os projetos de fundações dos três prédios, digo, dos prédios D e C, o projeto de fundações do prédio E não veio

As aulas com Alberto tinham me dado mais segurança para até, confesso, um certo empolgamento com a Mecânica dos Solos. Fruto disso, liguei no dia seguinte para Ana Maria, a engenheira da projetista. Vejam o que eu falei:

— *Não mande via portador o projeto de fundações dos prédio. Traga pessoalmente. Quero discutir o projeto com você e Alberto.*

Ana Maria assim o fez. Foi feita uma reunião bem professoral, mas clara e objetiva. Passo a palavra à Enga. Ana Maria; Ela falou com a jactância de sempre, pois esse assunto era relacionado com sua tese de mestrado, em que ela fora aprovada com distinção.

As escolhas feitas por essa projetista e que passamos ao cliente e referentes ao uso de estacas:

- Prédio C – estaca Strauss.
- Prédio D – estacas pré-moldadas de concreto armado.

Quanto ao prédio E, ainda não temos uma ideia, pois persiste o mistério da variabilidade do solo. Mas expliquemos as opções:

Prédio C

As camadas até quatro metros de profundidade são péssimas, com o SPT variando 4 a 6. Só com 7 metros de profundidade é que o SPT alcança 7, começando a subir progressivamente. Como o solo é bom (SPT > 7), encontra-se algo fundo e afasta-se a possibilidade de fundação rasa ou com sapatas. Uma ideia seria então usar estacas de concreto ou estacas Strauss. Optamos pela estaca Strauss pelo fato de o terreno ser em forte aclive, forte inclinação. Qualquer bate-estacas teria dificuldades de acesso e locomoção. A tranquitana da estaca Strauss é bem leve se comparada com o bate-estacas e exige apenas a preparação de pequenos plateaus no terreno.

Assim, optamos por estacas Strauss de 8 metros de profundidade e usaremos diâmetro de 45 cm, que permite o descarregamento de 60 t por estaca Strauss.

Prédio D

O prédio D localiza-se em área bem plana, e que já sofreu um aterro. A zona foi e ainda é hoje um alagado, pouco melhor que um pântano. O terreno bom está a mais de 12 metros de profundidade. Acima de 10 metros o solo é extremamente fraco, SPT oscilando entre 3 e 5.

Decidimos usar as estacas pré-moldadas de concreto armado de 70 t de capacidade e com previsão de comprimento de 15 metros. Por causa do comprimento previsto, as estacas terão uma emenda, pois seu comprimento comercial para várias marcas de fabricantes limitava-se a 12 m.

Usaremos a estaca de 70 t e não estacas de capacidade menor, como as usadas no prédio B, pois queremos fugir do chamado "atrito negativo" fenômeno que ocorre em estacas cravadas em solos em processo de adensamento, como é o terreno do prédio D. O solo aterrado, ao se adensar, "carrega" a estaca com uma carga que é atribuída ao chamado "atrito negativo". O atrito ajuda as estacas e o atrito negativo ao contrário carrega a estaca, diminuindo sua capacidade de carga.

Esse carregamento é uma carga extra, adicional à carga viva transmitida à estaca pela edificação que ela suporta.

Feita a exposição sobre os partidos de projeto para os dois prédios, Alberto e eu não discordamos e tudo foi aprovado. Uma dúvida continuava. E o prédio E?

7. Começa-se a desvendar o mistério do solo do prédio E

O tempo passava e Ana Maria, a simpática mas algo orgulhosa engenheira, continuava sem definir a fundação do prédio E. Os resultados com grande variabilidade tanto das sondagens como cravação de estacas do velho prédio B, próximo ao prédio E, tiravam-lhe o sono. O que seria a causa de tão brutal variação de características de resistência do solo?

Numa tarde em visita à fábrica, Ana Maria pediu para consultar mais uma vez as sondagens dos arquivos empoeirados e onde se encontravam, numa bagunça terrível, todos os documentos da construção inicial de nossa fábrica de biscoitos. Mais velho que o arquivo, lá também estava o Seu Pedro o almoxarife, na época de construção dos prédios.

Ana Maria, mais para ser simpática, perguntou ao "seu Pedro":

— *Estamos sofrendo hoje para construir o prédio E. O senhor, que viu e participou da construção do prédio B, que lhe é vizinho, não se lembra se as obras de fundação foram fáceis ou difíceis?*

Seu Pedro respondeu:

— *Foi fácil a construção. O terreno é muito bom. Aliás, terreno é como empada. Empada é boa quando tem azeitona. O nosso terreno é forte e rígido porque tem matacão. Durante a obra do prédio, no período de escavação, eu vi vários matacões. De todos os tamanhos!*

Matacão! Era a chave do problema. O terreno era cheio de matacões. As sondagens não avançavam por causa de alguns matacões. O estaqueamento do prédio B tinha comprimento extremamente variável de estacas porque o prédio B, por incrível que pareça, e inaceitavelmente, estava assentado sobre matacões.

A Enga. Ana Maria contou a todos a história de "seu Pedro", que lhe dera um "estalo tecnológico", o chamado "estalo de Vieira". Os terrenos dos prédios E e B eram juntos de uns morrotes. Durante milênios, houve escorregamento de matacões dos morrotes para a área desses prédios.

— *Matacão é coisa grande?* — perguntei eu.

Resposta:

— *Matacão, para impedir sondagens, basta ter dimensões reduzidas, menores que uma mesa de quatro pessoas, e às vezes até menores.*

Ana Maria complementou, com segurança:

— *As estacas do prédio B pararam quando encontraram os matacões.*

Alberto, angustiado, fez a próxima pergunta:

— *Engenheira Ana Maria, você quer me dizer que todo o prédio B, que está lá inteiro, sem trincas ou recalques, todo ele se apoia em matacões?*

A engenheira foi taxativa, mais que isso, quase que cruel:

— *Sim, eu tenho a certeza que o prédio B está parcialmente assentado sobre matacões e isso explica a grande variação no comprimento das estacas cravadas durante sua construção.*

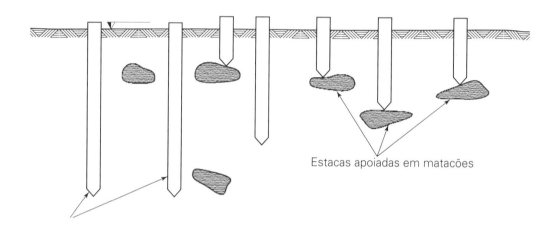
Estacas apoiadas em matacões

— *Há perigo?* — perguntei eu.

A implacável Enga. Ana Maria respondeu profissionalmente:

— *Bom, posso até apresentar uma proposta de preços para estudar o caso. Afinal de contas, minha empresa não está contratada para estudar esse caso do velho prédio B.*

Desviei rapidamente do assunto serviço extra.

— *Fiquemos no prédio E* — respondi, encerrando o papo. — *Quando você mandará o projeto de fundação do Prédio E?*

— *Em sete dias* — respondeu Ana Maria.

Não foram sete. Foram dez dias. A engenheira, sorridente e confiante, voltou à fábrica para nos ensinar, digo, para explicar o projeto de fundações do prédio E. Agora, sem mistérios e sem fantasmas.

8. O projeto de fundações do prédio E

Nova reunião. Ana Maria começou a reunião fazendo a retrospectiva da situação do projeto do prédio E. Depois, completou:

— *Os resultados das sondagens, o relatório de cravações das estacas pré--moldados de concreto do prédio B nos indicam:*

- *o solo superficial é de baixa resistência de suporte;*
- *o solo só começa a melhorar a partir de dez metros de profundidade;*
- *pelo exposto, só fundações profundas resolvem o problema;*
- *as cargas são relativamente baixas para se usar tubulões;*
- *temos, pois, que usar estacas.*

— *Então usaremos estacas de concreto armado como as usadas no prédio B?*, perguntou Alberto, algo impaciente...

— *Não!* — declarou a jovem engenheira! — *Sem criticar o engenheiro que no passado aceitou esse estaqueamento do prédio B, eu não posso repetir a fórmula. Não posso aceitar assentar uma fábrica sobre matacões. No meu projeto, eu tenho que aprofundar a fundação e ultrapassar os matacões. Isso é impossível com estacas de concreto armado. Se usarmos estacas de concreto armado em solo com matacões, ou eu quebro a estaca quando encontro o matacão, ou o matacão cede e a estaca se entorta e, no final, com o desvio de verticalidade, quebra também. Não quero ser a dona da verdade. Talvez outro colega recomende para este caso o uso de estaca de concreto armado, mas no meu modo de ver não recomendo estaca de concreto armado quando o terreno tem matacão. Recomendo estaca metálica.*

— *Quais são as vantagens e as desvantagens da estaca metálica?*

Quem perguntou fui eu, embora o "curso" do Alberto já tivesse me dito alguma coisa.

Ana Maria, sentindo-se um pouco a dona da situação, explicou as vantagens:

— *1) Para um solo que permite o uso de estaca de concreto armado e estaca metálica, a estaca de concreto armado é quase sempre mais barata. Só se usa estaca metálica quando não dá para usar estaca de concreto.*

— *2) Estaca metálica não quebra na cravação. Todavia, ela pode se desviar e desvia mesmo, podendo chegar ao paradoxo de, encontrando um matacão, subir e aflorar no terreno (ninguém na reunião acreditou).*

— *3) Em solos agressivos, temos que pintar e proteger a estaca metálica contra a corrosão. Apesar de tudo isso, recomendo nesta situação o uso de estacas metálicas. Já que inclusive estamos estourados no cronograma. A cravação de estacas metálicas é mais rápida e menos sujeita a problemas que a solução de uso de estaca de concreto.*

Alberto olhou para mim. A decisão era difícil. Pelo exposto, a solução era o uso da estaca metálica, mas a solução era muito custosa.

Aí usei de minhas prerrogativas de não ser técnico da área:

— *Sou engenheiro eletrônico. Não cursei a disciplina de Fundações de prédios na Escola de Engenharia. Não tenho, pois, condições de decidir nesse assunto.*

Declarei:

—*A projetista recomenda o uso de estaca metálica. Quero um relatório que explique tudo isso, do ponto de vista técnico e econômico. Custos, não se esqueça do assunto custos, pois engenharia sem custos não é engenharia...*

Para minha surpresa, Ana Maria, de forma algo trôpega, que seguramente não era o seu estilo, titubeou:

— *Bem, quero dizer. Nossa recomendação de uso de estaca metálica é técnica e ligada à segurança da obra. Do ponto de vista de custo, de investimento, quem tem que optar é o cliente, só o cliente. Nós, da firma de projetos, não podemos entrar nesse campo melindroso que é o assunto "custos".*

Fiquei furioso:

— *É por isso que este país não vai para a frente. Ninguém se responsabiliza por coisa nenhuma. Quem, então, vai decidir? Engenharia é física mais custo, como ensinava meu saudoso prof. Eurico Cerrutti.*

Alberto interveio:

— *Estamos atrasados no cronograma. Não dá para atrasar mais. Do ponto de vista global, técnico e de custo, meu parecer também é pelo uso de estaca metálica para o prédio E.*

Fiquei acuado. Dois pareceres, de dois profissionais competentes, indicavam o uso da estaca metálica. Então, sem opção, concordei.

Fiz, então, um balanço e uma ata de reunião.

Para o prédio C, uso de estacas Strauss.

Para o prédio D, uso de estacas de concreto armado e preferindo-se o uso de estacas de grande capacidade para diminuir os carregamentos do atrito negativo, causados pelo adensamento do aterro. Para o prédio E, uso de estacas metálicas para driblar a presença de matacões.

— *Tudo certo?*

Alberto e a Enga. Ana Maria respiraram fundo e concordaram.

Deveríamos agora iniciar as obras de fundações e, depois destas prontas, iniciaríamos a edificação dos três prédios.

O futuro apresentava-se tranquilo e sereno como o mar calmo e silencioso que prenuncia tempestade. Chegaremos a ela.

9. Como contratar as obras? A questão das responsabilidades

Com os projetos estruturais prontos e escolhidos os tipos de fundações, cabia a questão: como contratar as obras?

Alberto expôs-me as alternativas:

— *Alternativa 1: contratar num pacote único todas as obras, fundações, estruturas de concreto armado, alvenarias, instalações prediais, ou seja, contratar o prédio todo.*

Alternativa 2: contratar inicialmente as fundações com um empreiteiro e depois contratar o restante do prédio com outro empreiteiro.

Na alternativa 1, temos as vantagens:

Uma firma só é responsável por tudo quando se responsabiliza por tudo (assim nós achávamos e assim sonhávamos).

As desvantagens na alternativa 1 são:

A empreiteira única não faz tudo e tem por isso que subcontratar serviços de terceiros. Cobra então sobre esses os gastos de administração, risco e lucro. Há, pois, um sobrecusto.

Na alternativa 2, a vantagem é:

Não há sobrecusto sobre o trabalho da firma de fundações.

As desvantagens na alternativa 2 são:

Exige-se maior controle técnico e administrativo, pois aumentam as empreiteiras autônomas no campo.

A responsabilidade técnica fica mais dividida.

Optamos por contratar uma empreiteira única para toda a construção civil, englobando:

- escavação;
- reaterro;
- fundações;
- concreto armado;
- alvenarias;

- esquadrias;
- instalações hidráulicas e elétricas prediais e tudo mais que aparecesse.

Achávamos que com isso tudo estaria resolvido.

A vida me ensinou, entretanto, que as coisas não são tão simples quanto os esquemas de engenharia...

Foram feitos pela Projetista os Editais de Concorrência da Construção. Aliás, foi mais uma cobrança extra de honorários, pois Alberto tinha esquecido de constar isso no esboço de trabalho da Projetista quando da sua contratação. A Enga. Ana Maria era implacável no assunto "honorários extras".

Com os editais prontos, convidamos várias construtoras e fizemos um processo de seleção. Foi contratada uma empreiteira especializada em obras industriais. Esta fora uma recomendação de Alberto. Cada macaco no seu galho. Construtora de prédio é para fazer prédio, construtora de fábrica é para construir fábrica.

Neste nosso livro, chamaremos a construtora de Empreiteira. O nome do seu engenheiro residente na obra será Paulo.

A obra dos prédios começou, digo, as obras das fundações dos prédios começaram. Não perca a leitura das próximas páginas. Alerto que não é assunto para gente de coração fraco.

10. As fundações por estacas Strauss do prédio C

Como nos lembramos, para o prédio C, optamos pelo uso de estacas Strauss. A Empreiteira sub-contratou a execução das fundações com uma firma construtora especializada em estacas Strauss. Chegaram duas turmas, uma tinha uma máquina de escavação com motor a Diesel e a outra tinha máquina com motor elétrico.

Uma coisa ambas as turmas tinham em comum: alagavam o terreno do futuro prédio C com a lama criada com a lavagem do solo escavado pelas máquinas da feitura dos buracos da estaca Strauss.

Duas vezes por semana aparecia na obra o Eng. Freire, dono da firma especializada em estacas Strauss. Freire, como dono de uma firma de estacas Strauss, era um entusiasta das estacas Strauss, e dizia:

— *A estaca Strauss é a única que permite ao engenheiro conhecer o terreno que vai trabalhar para ele. É a melhor das estacas, indiscutivelmente.*

Curiosos pela observação, perguntei a opinião da Ana Maria, que progressivamente ia ganhando minha confiança, e por que não dizer simpatia. Ela respondeu:

— *Em parte ele tem razão. A estaca Strauss permite conhecer o terreno, mas o que a gente fica sem saber é a qualidade de concreto que resulta. Não nos esqueçamos que esse concreto será lançado do alto da escavação. Será ele bom, não terá ninhos? Ao contrário, o uso da estaca de concreto armado não traz para a mão do engenheiro o solo que ela vai comprimir, mas a qualidade da estaca a gente pode ver. Cada tipo de estaca, pré-moldada ou Strauss, tem suas qualidades e defeitos.*

Com tudo isso, a estacaria do prédio C foi executada e aceita.

11. Começaram as obras de fundações do prédio E com estacas metálicas

Começaram, então, a chegar perfis metálicos para a fundação do prédio E.

Também chegou em um caminhão uma traquitana que montada se transformou-se no bate-estacas. Finalmente montaram o bate-estacas. Foi feita a locação topográfica de todas as estacas. O bate-estacas dirigiu-se a um dos locais previstos para começar a cravação. Aliás, o bate-estacas, apesar de ser uma traquitana desengonçada e sem jeito, até que se movimentava com garbo e elegância sobre os rolos de madeira tracionado pelo cabo que o operador fazia fixar em um ponto fixo. O mestre do bate-estacas era "Zezinho", marujo mareado de várias obras.

Começou a cravação do primeiro perfil I, soldados dois a dois. Nos primeiros golpes, a estaca afunda fácil. Parece que está cravando na manteiga mole. Conforme aprofundava a estaca, os golpes do martelo pareciam que ficavam menos eficientes, pois a estaca afunda menos... Foi aí que passou-se a falar da "nega" da estaca. Ana Maria, sem saber que eu tinha tido aulas com Alberto, explicou-me:

— *Quando acontecer da estaca só afundar 2 cm apesar de termos dado 10 pancadas, teremos, a "nega", algo como a negação de penetrar mais no terreno. É a hora de parar. Estimamos que isso vá acontecer com vinte metros de profundidade.*

Como nossos perfis metálicos eram de 10 m, era necessário fazer uma emenda de solda para cada estaca. Realmente algumas estacas deram previsão de nega em 20 metros. Algumas outras estacas chegaram a exigir uma segunda emenda com solda, pois penetraram mais que o previsto.

Possivelmente matacões a tivessem desviado da vertical, encompridando a estaca.

O fato é que todas deram nega e o estaqueamento foi considerado um sucesso, principalmente se esquecermos (?????????) o item custo (?), pois este foi altíssimo. Mas o custo quem pagava era meu sogro, nessa época passeando com a patroa, minha sogra, pela Europa.

12. Começaram as fundações do prédio D, estacas pré-moldadas de concreto armado, atenção: algumas estacas não deram nega

Um dia, começaram a chegar as estacas de concreto armado para o prédio D. Eram estacas enormes em comprimento e seção, pois a Projetista, como já contado, tinha optado por trabalhar com estacas de maior capacidade, pois isso diminuiria a área exposta das estacas junto com o aterro e com isso diminui-se o efeito do atrito negativo (solo em adensamento carregando a estaca).

E lá vinham os caminhões carregando aqueles mastodontes de concreto armado. Alberto, o nosso engenheiro, sempre ia ver o descarregamento das estacas para controlar a qualidade. Algumas delas, poucas, destaque-se, vieram com ninhos decorrentes das falhas de concretagem. Alberto pegava um pincel e, com tinta vermelha, escrevia com letras enormes: ESTACAS REJEITADAS.

Quando chegava o caminhão com um novo lote, descarregava esse novo lote e levava de volta as estacas pintadas de vermelho.

Um dia, Paulo, o engenheiro da Empreiteira e comprador das estacas, foi falar com Alberto:

— *A firma das estacas troca sem problema qualquer estaca que vier com defeito. Só pede que não escreva mais nelas. Sejamos realistas, há clientes menos exigentes. Claro?*

Alberto, para não criar caso, parou com o procedimento. E o que foi feito das estacas rejeitadas por nós? Cada um pense o que quiser.

Para cravar essas estacas de concreto armado, lá veio outro bate-estacas. Sua turma de operação era liderada por Seu Tiãozinho. Seu apelido era "Tiãozinho Amansa Estaca". Só depois entendi a razão do apelido. Justíssimo. Ao conversar com o mestre do bate-estacas é que comecei a entender o mundo de empreiteiros e sub-empreiteiros que existe na Construção Civil.

Havia a Empreiteira nossa contratada, havia a firma de fabricação de estacas que vende as estacas à Empreiteira. Havia a firma que cravava as estacas da firma que fabricava as estacas. O mestre do bate-estacas não era da firma que cravava estacas: era um autônomo, um dono de um bate-estacas. Era o que se denomina um gato.

E de pensar que, para que a fábrica de biscoitos pudesse fabricar biscoitos, tudo isso tinha que dar certo.

Um dia, eu pensei: se durante a operação bate-estacas o ajudante do "gato" (seguramente não registrado) se machucar, quem paga a indenização? Um amigo meu, bom advogado, sorriu e respondeu:

— *Talvez essa seja a única coisa clara e certa nessa história. A responsável é a fábrica de biscoitos.*

Adendo III – "Um estaqueamento inesquecível"

Rezando para que ninguém se machucasse, começou a cravação das estacas.

A perspectiva era:

— *Vai dar nega a 11 metros de cravação.*

A primeira estaca cravada deu nega com 12,5 m. Valor razoável.

A segunda deu com 11,5 m. Ótimo! A terceira... Bem, a terceira estaca chegou a 15 metros sem dar nega, mistério! Mais um! Como as estacas compradas eram de 8 metros de comprimento, sempre havia a necessidade de uma junta e um corte do trecho em excesso. Quando uma estaca chegou a se aprofundar depois dos 15 metros, pensou-se em fazer uma segunda junta. A Enga. Ana Maria não concordou:

— *Larga a estaca e passemos para outra — orientou ela.*

Alguma coisa pairava no ar.

A quarta estaca parou (deu nega) a 11,5 m.

A quinta estaca deu nega com 10,8 m.

A sexta estaca deu nega com 11,2 m.

A sétima estaca passou dos dezesseis metros e não deu nega. Mistério...

Para minha surpresa, um zum-zum começou a correr no canteiro de obras.

Maurício pediu uma reunião. Participaram dela eu, Alberto, Ana Maria e Paulo, o engenheiro da Empreiteira. Ana Maria, com seu falar impositivo, foi bem clara:

— *Há algo de estranho nesse estaqueamento do prédio D. O estaqueamento ia bem, muito bem, no início. Aí houve um problema: a estaca afundou mais do que o previsto e não deu a nega prevista matematicamente. Uma outra estaca passou os quinze metros e, se continuássemos a cravar, sei lá onde chegaria. Estamos com dois problemas. Um, é a falta de nega em algumas estacas. O segundo problema é a extrema constância de nega em várias estacas. É chato falar, mas o bate-estacas que é o mestre do "Bate--Estacas seu Tiãozinho", está dando "nega falsa".*

Fiquei aturdido. Nega falsa????? Como pode? Isso Alberto não tinha me ensinado. Para minha surpresa, Paulo, o engenheiro da Empreiteira, concordava que o "gato", seu sub-sub-sub-contratado, podia estar "melando o jogo", ou seja, falseando. Vejam o que Paulo disse:

— *Pode ser. "Mestre de bate-estacas" com muita experiência pode introduzir "ruídos" na cravação para facilitar o trabalho. Amortecimento na queda do pilão do bate-estacas é um exemplo. Há várias outras maneiras para facilitar o trabalho. Aliás, Seu Tiãozinho tem fama de ser "amansa estaca". Ele dá a nega que o projeto quer. É um perigo.*

Ana Maria propôs:

— *Temos que manter um engenheiro tempo integral junto ao bate-estacas.*

Antes que eu respondesse, Paulo, o engenheiro da Empreiteira, concordou:

— *Concordo que isso é vital. É um problema de responsabilidade.*

Aí eu entendi mais nada ainda. Afinal de contas, a responsabilidade perante a fábrica de biscoito não era da Empreiteira? Pelo menos assim tinha eu contratado. O fiscalizado pedia fiscalização?

Mas, como Alberto não se pronunciava, não me pronunciei. Afinal, é verdade, eu sou genro do dono da fábrica de biscoitos, mas sou apenas engenheiro eletrônico, e não civil. Alberto é que é o técnico.

Dito e feito. À custa, adivinha de quem, dali a dois dias apareceu na obra um engenheiro muito jovem para fiscalizar o trabalho do mestre do bate-estacas. Tudo isso para termos a "nega" e não a "falsa nega".

O estaqueamento continuava. As estacas começaram a dar nega a vários valores, mas sem aquela uniformidade anterior de sempre dar nega por volta de 11 metros. E algumas estacas ficaram sem dar nega.

Mas continuávamos com um problema. Algumas não tinham dado nega e afundavam mesmo. Até com uma segunda junta afundavam sem parar (sem dar nega). O que seria?

Quando todas as estacas previstas estavam prontas (estaqueadas), tínhamos um total de quatro estacas sem nega. Era um mistério.

O que tinha acontecido?

Noto que o esquema do sistema estrutural era:

- um pilar descarrega um bloco;
- cada bloco tinha duas estacas.

Cada vez que se perdia uma estaca por falta de nega, o projeto do bloco ficava pendente.

Veja:

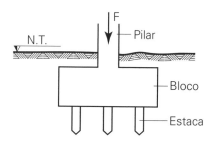

Tínhamos um problema. O que fazer? É o que veremos no próximo capítulo.

Adendo III – "Um estaqueamento inesquecível"

13. Na especificação, constava: prova de carga, quem já fez uma não se esquece jamais

As coisas estavam nesse estado quando Alberto lembrou:

— E a prova de carga? Ela está prevista na especificação da Projetista. Vamos fazer a prova de carga nas estacas do prédio D? Talvez ela explique a falta de nega em quatro estacas.

Um tanto contrafeito, Paulo, o engenheiro da Empreiteira, concordou. A Enga. Ana Maria, da firma projetista, declarou da forma grandiloquente de sempre:

— A prova de carga é a grande mestra e juíza para se avaliar o estaqueamento.

Não sei se o caro leitor sabe o que é ou já viu uma prova de carga. Aliás, duvido que tenha visto, pois parece que, apesar de ser prevista pelas normas, ela não é comumente usada.

Dizem mesmo que para a maioria dos prédios do Rio e de São Paulo, que foram estaqueados, ela não foi usada. Imaginem: se essa técnica não é usada em grandes centros, então imaginemos por todo este Brasil. Por quê?

Lendo esta história tragicômica, talvez o leitor descubra o porquê. A prova de carga consiste em carregar uma estaca já cravada e que será o símbolo de todo estaqueamento. O carregamento máximo é de 50% a mais que o carregamento de projeto. O carregamento sobre a estaca é crescente de zero até o maior valor e vão se medindo e anotando cuidadosamente os recalques que a estaca sofre para cada uma das cargas. Há valores-limite de aceitação do recalque. Se o recalque não exercer o limite, aceita-se pelo teste da estaca todo o estaqueamento. Claro que só se adota essa aceitação se os outros sinais do estaqueamento forem positivos e a prova de carga acompanhar os bons resultados. Se há indícios de problema, a prova de carga é quase como uma desempatadora. Pelo visto, parece fácil fazer uma prova de carga. Parece, só parece...

E tomou-se a decisão:

— Faça-se a prova de carga!!!

De posse do relatório de cravação de todas as estacas, passou-se a escolher a estaca padrão, a estaca modelo, símbolo um tanto mágico de todo o estaqueamento. Não podia ser uma estaca de ótimos resultados na cravação nem podia ser uma estaca que deu resultados péssimos. Deve-se escolher uma média, e pela estaca média se aceita ou se rejeita tudo. Finalmente decidiu-se. Será a estaca E – D – 9 (estaca Prédio D, 9). Aí começaram as dificuldades. Temos que carregar sobre a estaca todo o peso que simulará a carga que a estaca vai trabalhar como futuro elemento de fundação. Como obter esse peso na obra?

Em geral, há dois caminhos alternativos:

1) construir uma caixa e enchê-la de areia. Em geral, por facilidade, essa caixa é de madeira.
2) usar tirantes que empregam o solo como fixação de reação.

Optou-se por usar caixa de areia sobre a estaca. Durante a construção da caixa, esta não descarrega seu peso sobre a estaca. Quando a caixa estiver cheia de areia, todo esse peso é progressivamente descarregado por meio de macaco para a estaca. Veja-se:

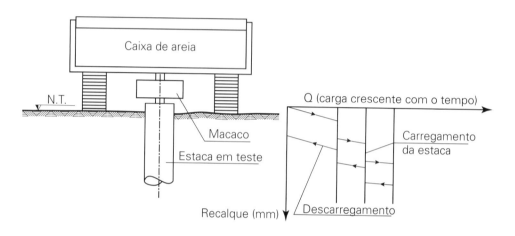

Assim, vamos:
- construir a caixa de madeira;
- encher a caixa com areia.

Pelo menos, levou-se uma semana na construção e no enchimento de areia e mais alguns dias para colocar o macaco e poder dizer que tudo estava pronto para o início do trabalho. Detalhe: surgiu mais um subempreiteiro no campo: a firma que faz a prova de carga. Adivinha quem pagou a prova de carga? Claro que foi a fábrica de biscoitos... do meu sogro.

E, cercada de atrações, começou a prova de carga. Mil cuidados cercavam as medidas de recalque da estaca E – D – 9. O macaco começou a ligar a cabeça da estaca devidamente preparada.

Começaram então as medidas de força que o macaco transfere à estaca E – D – 9 e os recalques foram sendo cuidadosamente anotados.

Destaque-se, Alberto me explicou, que esses recalques da estaca são de duas origens:
- recalque do solo pela ação da carga;
- deformação elástica da estaca, ou seja, ela se encurta por compressão.

Adendo III – "Um estaqueamento inesquecível"

Veja:

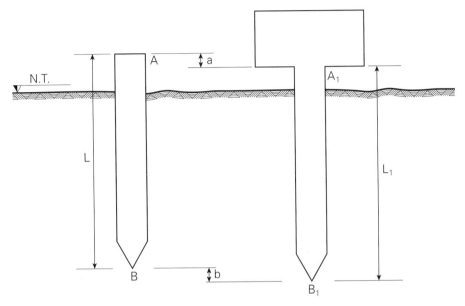

a = recalque total (bruto) da estaca; b = recalque do terreno face à carga;
(L – L₁) = encurtamento da peça; A – (L – L₁) = recalque líquido

14. Os resultados da prova de carga

A prova de carga durou quinze dias e finalmente o relatório da firma que a realizou foi entregue à Enga. Ana Maria. Mais um dia se passou e a engenheira pediu uma reunião global entre nós, da fábrica, como clientes, a projetista e a Empreiteira. O que seria? Qual teria sido o resultado da prova de carga? A antiga segura Enga. Ana Maria entrou tensa na reunião que ela organizara.

Trazia várias cópias do relatório produzido pela subempreiteira que fizera a prova de carga. Começou a reunião falando:

— *A estaca E – D 9, considerada símbolo, exemplo, de todo o estaqueamento do prédio D, que já tem 65 estacas cravadas, se carregada, como manda a norma, com 50% acima da carga de trabalho, recalcou mais do que o aceitável. O máximo para a estaca E – D – 9 era 10 mm. Recalcou 12 mm.*

— *A situação é* — explicou Ana Maria — *altamente preocupante!!!!*

Aquilo foi um estouro. Todos ficaram em silêncio, com o olhar perdido, olhando o relatório da prova de carga. Teve gente que chegou a morder lápis, caneta, chaveiro. Para tentar quebrar o gelo da reunião, perguntei:

— *Terá sido a estaca E – D – 9 uma estaca feliz como exemplo?*

Alberto foi honesto e respondeu:

— *Feliz ou não feliz, foi uma escolha honesta. O fato é que temos estacas no estaqueamento que recalcam mais do que é aceitável.*

Alberto, então, fez uma intervenção bastante polêmica:

— Proponho que se faça uma nova prova de carga.

Aquilo foi uma infelicidade. Paulo, da Empreiteira, foi até agressivo:

— *Pensemos nas consequências. Estou com a obra parada com todo mundo e o estaqueamento pronto. Fazer uma nova prova de carga significa desmanchar aquela traquitana em cima da estaca E – D – 9 e construir uma nova em cima de outra estaca. Para começar a nova prova de carga teremos que:*

1) escolher uma nova estaca. Se a estaca E – D – 9 era considerada honestamente a que melhor espelhava todo o estaqueamento, a nova estaca a escolher, sejamos honestos, não será tão boa como exemplo como a E – D – 9;

2) construir uma nova traquitana em cima da nova estaca;

3) esperar a data que a firma que faz a prova de carga tenha um equipamento macaco disponível;

4) fazer a prova de carga medindo os recalques. Levaremos mais de quinze dias a partir de hoje.

E até lá toda a obra do prédio D estará parada.

E Alberto complementou a questão com uma terrível pergunta, subsequente e inevitável:

— *Apesar de toda a sua argumentação, admitamos que vamos fazer a segunda prova de carga. E se a segunda prova também der resultado ruim. O que faremos?*

A Enga. Ana Maria, a superespecialista de solos, que tinha até mestrado, lembremos, olhou para o lado como quem procura algo no ar. Paulo, da Empreiteira, começou a olhar o teto. Eu não pude silenciar. Elevei o tom de voz:

— *Senhores, há uma pergunta sem resposta sobre a mesa. O que fazer se a segunda prova de carga der resultado negativo ou for indesejável?*

Ana Maria, por mais difícil que fosse, não fugiu à resposta:

— *Uma das soluções é carregar as estacas só com uma carga que dá o recalque aceitável. Diminuir a carga significa que o prédio, em vez de três andares, talvez só tenha dois andares... Outra solução...*

— *Impossível* — gritei eu. — *Quando meu sogro saiu para viajar para a Europa, o prédio tinha três andares. Quando ele volta, o prédio estará reduzido para dois? Isso não é uma solução!!!*

Ana Maria, sem a jactância de sempre, completou, com coragem:

— *Uma outra solução é abandonar todo o estaqueamento e partir para o uso de outro tipo de fundação.*

Ao ouvir isso, dei, confesso, um murro na mesa, e gritei:

— *Senhores da Projetista e da Empreiteira: a situação é gravíssima, inaceitável. Consultem seus especialistas, seus chefes, diretores, advogados, pajés e pais de santo. Fica convocada a reunião de decisão daqui a 48 horas. Venham à reunião com seus diretores estatutários ou diretores plenipotenciários. Será uma reunião de decisão dura, posso adiantar. Só se sairá com uma conclusão. Se quiserem trazer advogados, podem, aliás, isso é altamente recomendável.*

Paulo, o engenheiro da Empreiteira, atônito com a situação, fez suas exigências:

— *Até hoje nós não recebemos a memória de cálculo de nada. Não conhecemos os critérios de projeto dos prédios. Queremos receber esses documentos para poder participar da reunião. Pelo exposto, o prazo de 48 horas para a nova reunião é absolutamente inaceitável. Proponho a realização dessa reunião uma semana depois de recebermos a memória de cálculo completa. Não esqueça que nós viremos à reunião com nossos subcontratados, a firma fornecedora de estacas e a firma de cravação de estacas.*

Concordei. Uma semana. O tempo correu logo, mas as obras do prédio D continuavam paradas esperando a terrível reunião.

15. A reunião "pega pra capar", discursos e acusações mútuas. Foi então que...

Marcamos a reunião em uma sala cedida por terceiros. Campo neutro.

Uma grande mesa negra, computadores, impressoras, garrafas térmicas de café com copinhos e garrafas de água. Havia três instruções organizatórias:

1) Não se atende telefone – norma de produtividade.
2) Ninguém sai da reunião, até que ela termine – norma de objetividade.
3) Não se fuma na sala de reunião – norma de higiene, saúde e lei federal.

Às 9 horas todos já tinham chegado. Muitas caras novas. Eram diretores, consultores e advogados de cada um dos suspeitos, digo, de cada um dos participantes do caso.

Abri a reunião com Alberto ao meu lado. Eu tinha uma estratégia toda traçada, o que não quer dizer que os outros litigantes também não tivessem as suas.

Alberto tinha recebido uma ordem expressa minha. Não falar. Só eu falo, aproveitando de ser eu engenheiro eletrônico e portanto não ter contas técnicas a prestar a ninguém. Comecei a reunião:

— Informo preliminarmente que nossa firma é de biscoitos, entendemos pra burro de biscoitos e nada de engenharia civil, o problema que nos traz aqui, sendo de engenharia civil, é dos senhores, e não nosso. Exijo que assumam o problema do estaqueamento e o resolvam sem que nós, fabricantes de biscoito, tenhamos que gastar um real a mais que o previsto. Logo, a Projetista, a Empreiteira ou a Fabricante tem que, nesta reunião, achar uma solução para a questão.

Foi o primeiro ataque. Fiquei esperando os contra-ataques.

A Empreiteira falou primeiro, com uma defesa clássica:

— Executamos um projeto. Não fizemos o projeto. Destaque-se que faz só uma semana que recebemos as memória de cálculo do projeto. Culpados, nós não somos....

Aí veio o segundo contra-ataque. Da firma de estacas:

— Nós não recebemos as sondagens do terreno. Nossas estacas, digo, nossos elementos estruturais atendem à tensão de compressão para as quais foram vendidas. Quanto ao funcionamento como estacas, este não é de nossa responsabilidade, pois não conhecíamos o terreno. Portanto, culpados nós não somos...

A primeira rodada foi como esperada. Agora eu tinha que virar o jogo e dar a segunda estocada, mais certeira que a primeira. Lá foi:

— Como ninguém assume nada, temos que apelar para a Lei. O Código Civil Brasileiro é claro e taxativo. O primeiro responsável, ou seja, o primeiro suspeito é sempre o empreiteiro.

Um senhor de terno escuro, colete e óculos levantou e falou:

— Data vênia, o senhor pega o texto de uma lei obrigatoriamente generalista, analisada pela situação específica, sua acusação não procede.

Claro, era o advogado da Empreiteira. A reunião ia por aí. Educadas pauladas (!!!) de lado a lado. Depois de duas horas de reunião, um senhor calmo de óculos, que até então só assistira a todas as brigas e se limitara a ler as memórias de cálculo do projeto, fazendo aqui e ali algumas perguntas, seja à Enga. Ana Maria, seja ao Paulo, pediu a palavra e passou a falar magistralmente:

— Acho que vejo uma luz no túnel.

Aquela expressão sacudiu a reunião. Uma esperança brotou em cada coração desalentado. Mas quem seria esse Cavaleiro da Esperança? Quem pedira palavra era um consultor trazido pela Empreiteira.

Tentarei repetir suas palavras.

— *O projeto de fundações previu um bloco de concreto armado para cada pilar. E, em cada bloco, duas estacas. As estacas previstas são as de grande capacidade. A estratégia é usar estacas de grande porte, e dessa forma diminuir a área de carregamento do terreno sobre a estaca. Por que diminuir a área de atrito entre estaca e terreno? Vejamos uns desenhos (falando isso, fez uns desenhos na lousa).*

- *Ideia A: usar muitas estacas por bloco.*
- *Ideia B: usar poucas e grandes estacas por bloco.*

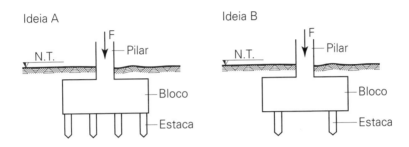

E continuou:

— *Ao procurar diminuir a área exposta entre a estaca e o terreno, a ideia é fugir de um fenômeno de estudo algo recente que ocorre em terrenos de aterro, como os terrenos do prédio D. Esse fenômeno é que o terreno, ao se adensar, ao se afundar, carrega as estacas de uma nova carga, que diminui portanto a capacidade de carga útil da estaca. É o fenômeno conhecido como "atrito negativo", pois esse tipo de atrito, em vez de ajudar o trabalho da estaca, atrapalha.*

Esta é uma análise fria e do planejado pela firma Projetista. Passemos agora à verificação do que aconteceu.

O que aconteceu de ruim pode ser dividido em duas partes:

- *as estacas que não deram nega;*
- *a prova de carga sobre uma estaca que deu nega e apresentou valores excessivos de recalque.*

Analisemos separadamente cada um desses dois problemas e tentemos dar solução a cada um deles.

Primeiro problema: as estacas do terreno do prédio D, verifica-se que há uma camada bem resistente na profundidade de 11 metros. Em algumas sondagens, isso aparece claramente; em outras, não. Se tivéssemos feito mais sondagens, isso apareceria claramente. Aliás, eu acho que foram feitas poucas sondagens. Restringiu-a uma quantidade abaixo do "mínimo minimorum" exigido pela norma. Se não tivesse havido essa economia, talvez, com maiores informações, o fenômeno teria sido detectado previamente e não teríamos tido tantos problemas.

Quem tomou essa decisão de fazer tão poucas sondagens?

Não sei por quê, houve um silêncio no ar. Ana Maria foi complacente comigo, pois eu fora o responsável pela diminuição do número de sondagens. Ela estava simpática e era, agora eu reconheço, uma bela mulher. Como ninguém respondeu, o consultor continuou:

— Essa camada resistente, existente em 11 metros, em alguns locais de terreno diminui na espessura e perde a resistência. Como está sendo cravada uma estaca de grande capacidade, que exige grande energia de cravação, quando ela encontra a camada resistente nos locais com pequena espessura, deixa de se acomodar nos 11 metros e afunda em uma camada inferior onde há mais capacidade de suporte.

Conclusão: as estacas que deram nega estão boas. Para as estacas que não deram nega, a solução é abandoná-las, pois são só quatro, e cravar em suas proximidades estacas de menor capacidade, mas em maior número.

Acredito que não teremos problemas, pois, como já visto, as estacas em menor capacidade se apoiam (dão nega) na faixa resistente.

Segundo problema: o atrito negativo

Antes de o consultor entrar na análise do segundo problema, cabe um destaque. A reunião era um silêncio só. O homem tinha ganho a plateia com sua segurança e objetividade.

E no segundo problema? Teria ele uma solução? Todos estavam atentos, como acredito que está também o caro leitor.

Fala o consultor:

— Como sabemos, o segundo problema consiste no fato de que, ao carregar na prova de carga a estaca modelo com 50% a mais do que a carga de projeto, a estaca $E - D - 9$ recalcou 12 mm, enquanto o máximo que o projeto permite é 10 mm. Com sair disso? Acho que tenho a solução. Basta usar a regra filosófica oriental: para sair, basta não entrar!!!

A expectativa da reunião chegou ao máximo. O consultor, como todo consultor que se preze, adorava soluções teatrais.

O homem continuou:

— Vamos às origens. E a origem de tudo são as cargas de projeto nas estacas. Estas têm suas origens:

1) O peso do prédio, das máquinas, das pessoas etc.

Adendo III – "Um estaqueamento inesquecível"

2) O peso causado na estaca pelo atrito negativo. Não vou discutir o item 1, pois o item 2 resolve a questão.

Para calcular a carga que o aterro causa na estaca em razão do atrito negativo que com isso reduz a capacidade de carga na estaca, a colega da Projetista usou, corretamente, diga-se, uma das fórmulas que dá essa estimativa.

A crítica à carga que eu faço é que essa fórmula é muito conservadora. A fórmula prevê que as cargas, por causa do atrito negativo, sejam enormes. Atrito negativo é assunto novo, assunto polêmico. No interessante trabalho de título "Alguns métodos de cálculos dos acréscimos de carga em estacas devido ao atrito negativo" (ver p. 256, neste livro), seu autor apresenta o levantamento do que se pode chamar "Estado de Arte" do assunto e mostra que existem mais de dez fórmulas de estimativa do atrito negativo e, o que é mais importante, os valores resultantes da aplicação variam, num caso mostrado no trabalho, de valores de 6 a 44 t por estaca, ou seja, os valores são muito discrepantes.

Voltemos ao nosso caso. Se, em vez de usarmos a fórmula mais conservadora, usássemos as fórmulas que dão valores médios, então a carga sobre a estaca modelo E – D – 9 já seria menor, pois baixaria bastante a previsão de carregamento do atrito negativo.

Diminuindo a carga, os resultados da prova de carga teriam que ser reavaliados. Basta entrar na curva de recalque x carga, obtida no teste. Com a nova carga, o recalque da estaca E – D – 9 fica dentro do aceitável pelo calculista da estrutura. Como se vê, o resultado da prova de carga depende, para sua interpretação, da fórmula da estimativa do atrito negativo. Eu não tenho dúvida em aceitar o uso da fórmula menos conservadora em detrimento da usada e, usando-se essa nova fórmula, a carga sobre a estaca se reduz e com ela o resultado da prova de carga é aceitável.

Conclusão: No meu parecer, a estaca passa, e com isso podemos aceitar todo o estaqueamento. Se necessário, darei parecer por escrito para evitar problemas.

Desnecessário é falar da surpresa e da alegria que tomou conta da reunião dali em diante.

Por mim, eu encerraria a reunião por aí, mas, por obrigação lógica e cavalheiresca, tive que pedir a opinião da bela e simpática Ana Maria, autora do projeto.

Ana Maria levantou-se e falou:

— Quando se usam as fórmulas mais conservadoras no cálculo do atrito negativo, estamos trabalhando com maior probabilidade de tudo dar certo, e seguramente a obra custará mais caro na construção. Quando se opta por usar as fórmulas menos conservadoras e que estimam mais por baixo o atrito negativo, estamos trabalhando com menor probabilidade de tudo *dar certo. Feita essa ressalta, que acho importante fazer para afastar ideias rígidas de "certo e errado" na engenharia e principalmente na engenharia de solos, e levando em conta o exposto pelo consultor, reviso minha opinião e agora sou de parecer que aceitemos o estaqueamento como está...*

Foi um alívio e uma sensação de profundo reconhecimento à Enga. Ana Maria, que maduramente aceitava alterar uma posição anterior face às ponderações maduras do consultor.

Percebendo que não havia mais nada a tratar, suspendi a reunião, mas sem esquecer da ata. Fizemos uma ata circunstanciada na hora. Embora todos aceitassem o principal, a hora de escrever a decisão e seus detalhes foi uma guerra. Dizem os velhos livros que "o demônio mora nos detalhes". Depois de várias idas e vindas chegamos a um texto final, feito a mão. O consultor foi o primeiro que assinou. Todos os presentes também fizeram questão de assinar essa histórica ata. Até os advogados assinaram.

Claro que choveram pedidos de cópia da ata. Atendi a todos. Perguntei a seguir se havia algo mais a tratar. Não havia. Foi suspensa a reunião e com ordem de recomeçar de imediato as obras do prédio D.

16. Quinta-feira, um novo som na obra

Na quarta-feira, dia da reunião "pega pra capar", o ambiente na obra era de desolação. Tudo parado, esperando a decisão. Na quinta-feira já havia uma azáfama na obra. Muita gente dobrando armaduras e fazendo formas. No ar, um barulho novo e encorajador enchia o ambiente, Eram as betoneiras trabalhando, preparando o concreto dos blocos de coroamento das estacas. As pequenas estacas, que iam substituir as quatro estacas grandes que não deram nega, chegaram à obra e foram então cravadas. Foram as últimas. Deram nega... Todas as estacas estavam cravadas. A geringonça do bate-estacas começou a ser desmontada. Seu "Tiãozinho Amansa Estaca" se foi. Não mais se ouviria o seu tema musical pum, pum, pum...

É, o estaqueamento tinha acabado. Digo: **Um estaqueamento inesquecível** tinha terminado.

17. As obras avançam

As obras da fábrica de biscoito, após a execução das fundações, avançaram sem maiores problemas. É verdade que o cronograma previsto teve que ser modificado e adiado por algumas semanas. Mas tudo agora estava sob algum controle.

Um dia começaram a chegar na obra uns caminhões com novas e estranhas traquitanas. Eram os equipamentos da fábrica, fornos, empacotadoras, correias, transportadoras. Tudo para ser montado dentro dos prédios E e D, que nós já tínhamos construído.

É, a obra civil começava a acabar...

18. Final da história

Hoje, faz mais de dez anos que aconteceu esta história. Recentemente passei de carro em frente à fábrica de biscoitos. Não tenho mais laços com ela. Nas voltas que o mundo dá, não sou mais genro do seu proprietário e seu atual proprietário já não é mais meu ex-sogro. A concorrente multinacional de alimentos finalmente conseguiu comprar a nacionalíssima fábrica de biscoitos. Ao olhar o conjunto de prédios da fábrica, não resisti: parei o carro e, da estrada, passei a admirar a velha fábrica. As lembranças voltaram.

Lembrei-me de Alberto, suas preocupações políticas, suas inesquecíveis aulas de alicerces, digo, fundações. A bela Ana Maria, a jovem engenheira de solos, hoje professora titular dessa matéria. As brigas, as lutas por soluções, os fantasmas que rondaram o estaqueamento. E a figura do consultor de solos que foi capaz de ver o que ninguém tinha visto... Perdido nesses sonhos e recordações, nem notei um guarda de segurança da fábrica que se aproximou de mim e perguntou:

— O que o senhor deseja? O senhor tem algo a ver com esta fábrica?

Aquela pergunta "O senhor tem algo a ver com esta fábrica?" tocou-me. Olhei-o com olhar parado, impotente para lhe contar tudo aquilo que estava em minha mente e em meu coração. Senti o vazio da vida e a solidão que acompanha cada um de nós e tão simplesmente respondi:

— Nada. Eu não tenho nada a ver com esta fábrica.

Voltei ao carro, liguei o motor e parti.

19. A carta de Mr. X

Ao chegar da minha visita à fábrica, tinha tomado uma decisão. Tudo o que acontecera não podia ficar sem registro, se perder. Tinham me contado que havia um engenheiro que gostava de escrever e talvez se interessasse em contar esta história. Mandei-lhe uma carta, jocosamente assinada por Mr. X, em que expus as condições pelas quais eu contaria minha história e ele a recontaria com suas próprias palavras. Termino esta minha história relembrando como foi essa carta.

> *"Eng. Botelho,*
>
> *Tenho uma história tecnológica para lhe contar. Se depois o senhor quiser transformar essa história em livro, será sua opção. Mude apenas o meu nome, o nome dos personagens e os nomes das firmas envolvidas.*
>
> *Posteriormente lhe telefonarei.*
>
> *Assinado: Mr. X –"*

A história terminaria aqui, mas falta contar um evento feliz. A bela Enga. Ana Maria terminou seu doutorado e depois casou-se comigo... [Joaquim]

Nota – Uma discussão em sala de aula sobre o texto "Um estaqueamento inesquecível"

No mês de novembro de 2011, este autor MHCB recebeu com alegria do Prof. A.V. P., professor de técnicas construtivas de uma escola de engenharia, matéria do quarto ano, uma discussão técnico-didática muito interessante sobre este texto. De início, o professor escolheu cinco alunos que fariam perguntas sobre o texto e todos os alunos foram solicitados como prova mensal a responder às perguntas e na aula seguinte as respostas foram debatidas em classe. Acho que essa forma de ensino, pela discussão de casos, é maravilhosamente rica e merece ser repetida.

As perguntas que balizaram as discussões, perguntas essas dos próprios alunos, foram:

1) Se o número de sondagens tivesse sido maior, teria sido vantajoso?

2) Deve-se usar como referência sondagens muito velhas feitas em desacordo com a norma atual?

3) Faltou realizar algum outro tipo de teste?

4) Você acha justo, só pelo fato de duas provas de carga nas estacas darem resultados ruins (excesso de recalque), concluirmos que todo o estaqueamento pode estar perdido?

5) Qual a confiabilidade da escolha da estaca-testemunho e que vai sofrer prova de carga?

6) A fórmula do recalque negativo nas estacas, que deu um valor médio e levou a uma aceitação de todo o estaqueamento, é aceitável?

7) Após quantos anos ainda o cliente poderá reclamar se acontecerem recalques apreciáveis nos prédios em questão?

NOTAS SOBRE CUIDADOS NA CONSTRUÇÃO CIVIL

• *Uma firma de estaqueamento, sempre que trabalhava em áreas públicas, tomava o cuidado de previamente localizar a passagem de cabos elétricos subterrâneos. Um dia, ao trabalhar num terreno particular central de São Paulo e ao cravar estacas metálicas, aconteceu terrível acidente que matou o operador de bate-estacas. A estaca metálica em cravação em terreno particular no centro da cidade encontrou um cabo de alta tensão elétrica subterrâneo. Conclusão: a verificação de sistemas subterrâneos tem que ser feita com enorme cuidado e em áreas centrais de antiga ocupação mesmo em terrenos particulares.*

• *Consultar também a Portaria 3.214 do Ministério do Trabalho.*

PARTE IV
ANEXOS

Normas
Anexo – Recuperação do prumo

NORMAS

Na prática profissional, use sempre as normas da ABNT e as boas práticas profissionais. As principais normas de interesse para este livro são as indicadas a seguir. Notar que, na consulta das normas, estas fazem referência a outras normas que também são relacionadas com o assunto principal.

NBR-6122/2010 – "Projeto e execução de fundações";

NBR-6120/1980 – "Cargas para cálculo de estruturas de edificações";

NBR-6484/2001 – "Solo – Sondagens de simples reconhecimento - SPT – Método de ensaio";

NBR-6497/1983 – "Levantamento geotécnico";

NBR-8036/1983 – "Programação de sondagens de simples reconhecimento dos solos para fundações de edifícios – Procedimento";

NBR-8044/1983 – "Projeto geotécnico –Procedimento";

NBR-9603/1986 – "Sondagem a trado – Procedimento";

NBR-12131 – "Estacas – Prova de carga estática – Método de ensaio";

NBR-13208 – "Estacas – Ensaio de carregamento dinâmico";

NBR-6489 – "Prova de carga direta sobre solo de fundação";

NBR-7181/1988 – "Solo – Análise granulométrica";

NBR-6489 – "Prova de carga direta sobre terreno de fundação;

NBR-9604 – "Abertura de poço e trincheira de inspeção em solo com retirada de amostra deformadas e indeformadas";

NBR-9820 – "Coleta de amostras indeformadas de solos de baia consistência em furos de sondagem – Procedimento".

NBR-5681 – Controle tecnológico da execução de aterros em obras de edificações.

NBR-11682 – Estabilidade de taludes.

NBR-7678 – Segurança na execução de obras nos serviços de construção.

NBR-9061 – Segurança de escavação a céu aberto.

Em livros mais antigos, ainda aparecem as siglas NB e MB, usadas pela emitente das normas, a Associação Brasileira de Normas Técnicas (ABNT). Atualmente, essas siglas foram trocadas por "NBR" seguido do número de registro no Inmetro, órgão estatal federal.

NOTAS

1) Para maiores informações, consultar o site www.abnt.org.br
ABNT – Associação Brasileira de Normas Técnicas
Veja a NBR-6122/2010 – Norma de fundações, e as demais de interesse.
2) Trabalho citado: Eng. Valter Neder Salomão, Alguns métodos de cálculo dos acréscimos de carga em estacas devido ao atrito negativo. Trabalho registrado na Escola Politécnica da Universidade de São Paulo, sob o número FS 383-PEF, Julho de 1979.

Este livro termina aqui. Estude e siga as normas e outros livros de fundações. Aproveite a execução de obras de pequeno ou médio porte para retirar melhor proveito dessa experiência. As obras de pequeno porte ensinam muito. Explore ao máximo sua participação. Faça como dizem os atores de teatro:

"Não existem pequenos papéis. O que existem são pequenos atores."

Lute para ser um grande ator na engenharia de fundações.

Recomendação:

Não deixe de ler o livro *Princípios da Mecânica dos Solos e Fundações para a Construção Civil*, do autor Manoel Henrique Campos Botelho, também da Editora Blucher. Já disponível em linguagem botelhana.

Bons projetos e boas obras.

Os

autores

ANEXO – RECUPERAÇÃO DO PRUMO

Documentário técnico da recuperação do edifício Santa Maria[2]

No município de Itajaí-SC, foi idealizado um empreendimento com três edifícios, sendo cada edifício composto por quatro pavimentos (térreo mais três lajes tipo) e 36 apartamentos, pertencentes a uma cooperativa habitacional nos moldes do INOCOOP, construídos pela M.G.R. Engenharia Ltda.

A concepção do projeto de engenharia e execução das estruturas

No partido estrutural, foram adotadas lajes pré-fabricadas, vigas e pilares em concreto armado convencional. Na infraestrutura, foram avaliados os perfis de sondagem à percussão do solo e consideradas as baixas cargas dos pilares nas fundações. Como a capacidade do solo para fundações rasas em sapatas era muito baixa, tecnicamente inconcebível, a solução mais plausível foi o radier. A estrutura da edificação foi executada conforme o projeto, e a resistência característica de compressão estimada do concreto obedeceu ao preconizado pelo projeto estrutural.

Constatação e origem das anomalias

Em determinado instante, por escassez de mão de obra, paralisaram-se as atividades do bloco A e concentraram-se esforços nos blocos B e C, constatando-se algumas falhas de prumo e esquadro de paredes no bloco C e conferindo-se os blocos A e B. No bloco A, constatou-se uma anomalia ainda maior: com níveis de mangueira, foram conferidos os níveis das lajes, denotando-se haver um desnível ao longo do eixo longitudinal do edifício de aproximadamente 19 cm, e notou-se que transversalmente o nível e o prumo se comportavam de modo normal, mas nas paredes longitudinais o ângulo formado entre prumo e nível não era de 90 graus.

Com a paralisação no bloco A, buscou-se uma solução que permitisse a conclusão da obra saneando um erro que, devido aos fatos já citados, julgou-se ser construtivo,

---

[2] Este artigo foi originalmente publicado na *Revista Ibracon*, ano IV, n. 10, out./nov. 1994, pelos autores Sérgio Luiz do Amaral Lozovey (engenheiro civil) e Mário José de Borba (engenheiro civil).

pois as lajes estavam paralelas entre si, suspeitando-se, assim, que a laje radier teria sido executada fora do nível. Aproximadamente noventa dias após a paralisação, o desnível tinha aumentado de 19 cm para 29 cm, aproximadamente. Chegou-se à conclusão possível, que explicava todos os fatos ocasionados no bloco A: o radier estava recalcando.

Solução emergencial

Procedeu-se a nova sondagem na parte frontal do edifício (bloco A), local onde se verificava o maior deslocamento. Partimos da premissa de que se aliviássemos a carga naquele ponto mais crítico, ou seja, na linha de fachada frontal dos pilares, fazendo com que estes descarregassem uma parcela de seu carregamento sobre novas fundações, estaríamos a caminho de deter a obra na posição em que se encontrava. Poderíamos usar estacas pré-moldadas, que suportariam as cargas transmitidas ao radier pelas linhas de pilares. Essas fundações foram distribuídas em quatro blocos de concreto armado, cujas estacas trabalham a compressão e tração (Figura 1).

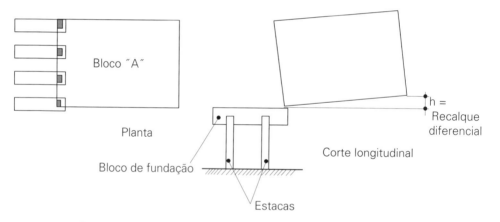

Figura 1 Esquema de posicionamento do prédio com recalque diferencial e estacas e blocos da estrutura de reação.

Ao final dos trabalhos de concretagem dos aludidos blocos, o desnível linear chegava a 36,30 cm, e prevíamos que aumentaria até medir aproximadamente 38,00 cm, quando estabilizaria. Iniciamos o monitoramento semanal da evolução de recalque, com auxílio de um aparelho de nível que nos informava, além do recalque em evolução, o comportamento dos blocos dos edifícios B e C, que não apresentaram qualquer sintoma semelhante aos do bloco A.

Anexo – Recuperação do prumo

Solução adotada

Para horizontalizar o prédio, necessitaríamos de apoios para absorver as cargas. Estacas pré-moldadas de concreto armado, cravadas fora da projeção vertical do edifício, coroadas por blocos de concreto armado, receberiam as reações de vigas transversais biapoiadas, nas quais estariam descarregando os pilares da superestrutura, permitindo a execução de macaqueamento nos apoios e promovendo o deslocamento vertical necessário para a efetiva horizontalidade. Os trabalhos de consultoria de solo e fundações foram executados pelo Dr. Ney Augusto Nascimento.

Resumidamente, podemos descrever passo a passo a solução adotada: 1) estaquear; 2) executar os blocos de coroamento; 3) construir as vigas de transição; 4) curar as vigas; 5) romper as lajes do radier (eliminando-o) para as vigas entrarem em trabalho e transmitir as cargas às novas fundações; 6) o macaquear propriamente dito; 7) selar os calços (Figura 2).

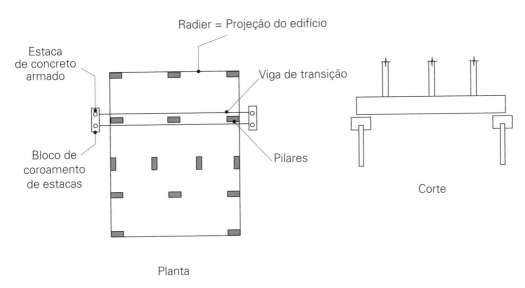

Figura 2 Posicionamento das vigas de transição.

Execução da solução

Estaqueamento

Após alguns percalços como estacas quebradas, estacas que não atingiram nega etc., foram recravadas estacas até atingir-se uma solução satisfatória de estaqueamento para as novas fundações.

Concretagem dos blocos

As estacas que ficaram fora da linha prevista foram incorporadas aos blocos por armaduras suplementares, favorecendo, inclusive, o combate à torção ao longo do eixo longitudinal dos blocos. Para atender à solidarização recomendada das estacas, o projeto original dos blocos de coroamento foi substituído por armadura longitudinal contínua.

Execução das armaduras

Para executar-se as dez vigas transversais de transição era necessário posicionar as armaduras atendendo às seções e disposições preconizadas no projeto estrutural e transpassar as vigas já existentes do radier. De modo a atender ao projeto como concebido, era preciso executar aproximadamente 3.200 furações (armaduras longitudinais e estribos). A proximidade dos furos era tão flagrante que chegamos à conclusão de que, em última instância, seria equivalente a um único furo global capaz de abrigar todos os ferros. Com os orifícios abertos a ponteiro, foi passada a armadura positiva das vigas nos tamanhos e posições indicados pelo projeto estrutural, de um lado e de outro, um de cada vez (Foto 1 e Figura 3).

Foto 1   Passagem da ferragem suplementar de reforço pelas vigas do radier.

Anexo – Recuperação do prumo

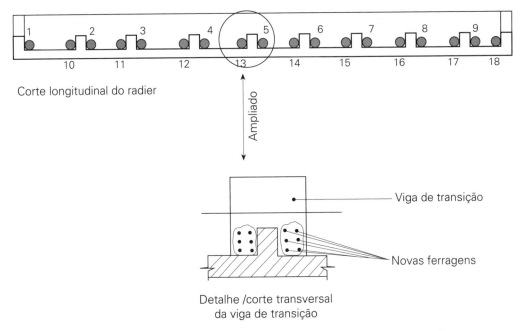

Figura 3 Posicionamento das armaduras de reforço das vigas do radier.

Foram adotados dezenove macacos de 120 tf, que também levantariam o prédio inteiro ao mesmo tempo com os cursos dos macacos hidráulicos compensados e acionados manualmente por dezoito homens (Figura 4).

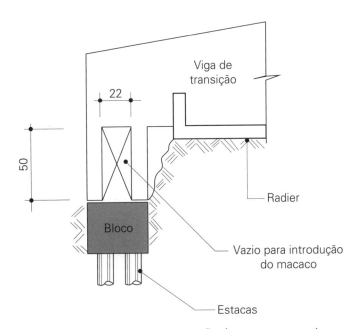

Figura 4 Esquema de preparação de macaqueamento.

Foto 2   Ferragem de reforço para as vigas de transição.

Em função do macaqueamento, era preciso preparar um par de calços de concreto para cada extremo de viga. Assim, lançamos mão de duas linhas de nylon que acompanharam dois níveis em relação à obra: o primeiro apenas geométrico e o segundo o verdadeiro, que queríamos atingir.

Concretagem das vigas de transição e macaqueamento

Para conseguirmos a maior solidarização possível entre a estrutura existente e a nova (vigas de transição), utilizamos como técnica de picotamento o uso de ponteiros que fragilizavam as faces que se incorporariam às novas vigas. As superfícies foram tratadas com escovas de aço para a retirada dos fragmentos soltos e, em seguida, houve uma aplicação de jato de ar, para posterior aplicação do adesivo epóxico. Para viabilizar a concretagem das vigas de transição, conciliando a aplicação do adesivo, a concretagem foi executada em partes e contornando todos os obstáculos de procedimentos, inclusive o de concretar por último as partes externas do radier em função da forma da ferragem necessária ao macaqueamento e suas formas de apoio (Figura 5).

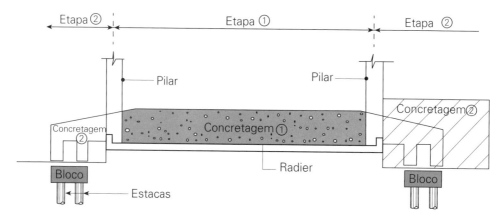

Figura 5   Concretagem final da viga de transição.

O macaqueamento foi feito com o acionamento simultâneo e manual de dezoito macacos. O comportamento da estrutura até então se demonstrou compatível com a solução adotada, apresentando-se e deformando-se de modo satisfatório. No momento em que cada macaco atingia o curso máximo em seu êmbolo, era preciso cumprir a seguinte operação em cada apoio: 1) soltar a pressão de óleo, descarregando, portanto, a carga por ele imprimida e transferindo-a aos calços, sob as vigas; 2) com o registro do óleo aberto, encolher o êmbolo com o auxílio de alavancas para que ele atingisse o curso "zero"; 3) retirar o macaco; 4) colocar os calços e as chapas de aço de contato na nova posição; 5) imprimir a pressão do macaco até atingir a carga existente no momento do passo 1.

Acompanhávamos a consequente variação do fio de prumo na fachada frontal, cujo peso de aproximava do prédio à medida que o nível se restabelecia. Como última etapa do macaqueamento, era preciso substituir os calços até ali provisórios pelos calços definitivos. Procedemos à concretagem em torno de todos os apoios, com o objetivo de selar o trabalho.

Acompanhamento, observação e pós-serviços

Por um período de quinze dias as linhas de nylon permaneceram para efeito de verificação do comportamento, observações estas que constataram a perfeita estabilidade da obra. Também foram realizadas verificações com aparelhos de nível e chegou-se à conclusão de que todos os três prédios que compõem a obra estão se comportando dentro da mais absoluta normalidade.

DIALOGANDO COM OS AUTORES

Os autores têm muito interesse em saber a opinião dos leitores sobre este livro. Favor endereçar suas opiniões ao autor Eng. Manoel Henrique Campos Botelho, ou ao Eng. Meirelles Carvalho.

E-mail: manoelbotelho@terra.com.br

E-mail: meirelles@meirellescarvalho.com.br

Opinião do leitor sobre o livro 4 edifícios × 5 locais de implantação = 20 soluções de fundações.

1. O que você achou do livro?

( ) Muito elementar   ( ) Razoável   ( ) Bom   ( ) Muito bom

Explique, por favor, sua opinião: _____
_____
_____

2. Que outros temas correlatos deveriam ser abordados dentro da filosofia de livros do tipo ABC (introdutório)?
_____
_____

3. Agora, por favor, informe os seus dados pessoais. Eles são importantes para nosso cadastro:

Nome: _____

Título:_____Ano de formatura:_____

Endereço:_____

CEP:_____ Cidade: _____UF:_____

E-mail:_____Telefone: (_____)

Data: _____/_____/_____

O autor MHC Botelho promete enviar uma crônica tecnológica de sua autoria, via internet a quem responder a esta folha de diálogo. A crônica tecnológica é sobre três tipos de empuxo, a saber: empuxo ativo, empuxo em repouso e empuxo passivo, que deveria se chamar empuxo reativo.